Técnica
Comportamento
Resultados
Complexidade
Responsabilidade
Social e Ambiental

Avaliação de Desempenho
# com Foco em Competência
*A Base para Remuneração por Competências*

ROGERIO LEME

Técnica
Comportamento
Resultados
Complexidade
Responsabilidade
Social e Ambiental

Avaliação de Desempenho
# com Foco em Competência

*A Base para Remuneração por Competências*

QUALYMARK

Copyright© 2015 by Rogério Leme

Todos os direitos desta edição reservados à Qualitymark Editora Ltda.
É proibida a duplicação ou reprodução deste volume, ou parte do mesmo, sob qualquer meio, sem autorização expressa da Editora.

| Direção Editorial | Produção Editorial |
|---|---|
| SAIDUL RAHMAN MAHOMED | EQUIPE QUALITYMARK |
| editor@qualitymark.com.br | |

| Capa | Editoração Eletrônica |
|---|---|
| WILSON COTRIM | EDEL |

1ª Edição: 2006
1ª Reimpressão: 2008
2ª Reimpressão: 2009
3ª Reimpressão: 2012
4ª Reimpressão: 2013
5ª Reimpressão: 2015

CIP-Brasil. Catalogação na fonte
Sindicato Nacional dos Editores de Livros, RJ

L569a

Leme, Rogério
Avaliação de desempenho com foco em competência: a base para remuneração por competências/Rogério Leme – Rio de Janeiro : Qualitymark Editora, 2015.
136p.
Anexo
Inclui bibliografia
ISBN 978-85-7303-769-2

1. Administração de pessoal. 2. Pessoal - Avaliação. 3. Desempenho. 4. Sistemas de remuneração de salários. 5. Motivação no trabalho. I. Título.

06-22597
CDD: 658.314
CDU: 658.310.13

**2015**
**IMPRESSO NO BRASIL**

| Qualitymark Editora Ltda. | QualityPhone: 0800-0263311 |
|---|---|
| Rua Teixeira Júnior, 441 - São Cristóvão | www.qualitymark.com.br |
| 20921-405 – Rio de Janeiro – RJ | E-mail: quality@qualitymark.com.br |
| Tel: (21) 3295-9800 | Fax: (21) 3295-9824 |

# Agradecimentos

Mais uma vez inicio uma obra agradecendo a Deus por todas as oportunidades que ele deposita à minha frente.

À toda a minha família, pela compreensão, apoio, incentivo e compartilhamento de momentos bons, bem como por sua presença nos momentos difíceis.

Aos meus amigos da AncoraRh Informática e da Leme Consultoria, que são muito mais que colaboradores; são co-responsáveis por essa obra.

Aos meus clientes, meus parceiros de trabalho, pelas muitas oportunidades de aprendizado que me deram. De forma especial, quero deixar o registro de agradecimento à Paula Falcão, à toda a equipe da KDP-Kepler e ao Grupo TeD (www.grupoted.com.br), pela nossa grande parceria.

O meu agradecimento à Maria de Fátima Alexandre, consultora e vice-presidente de Responsabilidade Social da AAPSA, pelas orientações sobre Responsabilidade Social que foram inseridas neste material.

Com muito carinho, aos meus amigos do RH.com.br, Willyans Coelho e Patrícia Bispo, que sempre me apoiaram na história da AncoraRh.

E, como não poderia deixar de ser, à Célia, minha esposa, uma pessoa muito especial em minha vida, a quem eu devo tudo o que construi, principalmente agora, depois de me presentear com a maior alegria de minha vida, o meu filho Eduardo.

# Dedicatória

Dedico este livro a meu filho Eduardo, que ainda não estava neste mundo quando lancei meu primeiro livro, e que agora inunda minha vida de força e entusiasmo.

De forma muito especial, à memória de meu pai, Eniciel, que estava presente no lançamento do meu primeiro livro, mas infelizmente partiu poucos dias antes de seu neto chegar.

Agora, ele assiste a essa minha conquista de um lugar especial, e, em nome do meu filho, quero prestar essa homenagem a esse homem muito especial, que eu adoraria que estivesse aqui, e que está em meu coração.

Nós te amamos muito, pai e vovô.
Rogerio e Eduardo.

# Prefácio

É com muito prazer que escrevo o prefácio deste livro. Para mim é uma honra muito grande, pois o Rogerio é um daqueles irmãos que encontramos na vida através do trabalho, e que o relacionamento extrapola o lado profissional, envolvendo os campos pessoal e familiar com muito carinho.

Graças a esse relacionamento, tive o prazer de ler os seus dois livros em primeira mão. Já na sua estréia, ao escrever o livro *Aplicação Prática de Gestão de Pessoas por Competências*, disse a que veio: tornar transparente e acessível a qualquer pessoa ou empresa um processo que até então parecia restrito a um círculo de alguns *experts* da área. Ele propôs uma metodologia absolutamente clara, o Inventário Comportamental para Mapeamento de Competências, que teve o grande mérito de desnudar um dos aspectos mais obscuros da prática de gestão de pessoas por competências.

Neste segundo livro, que surge apenas um ano após o lançamento do primeiro, ele continua firme nessa missão de propor novos caminhos para a gestão de pessoas.

Resultado de uma ampla reflexão que o autor realizou sobre a gestão por competências e seus reflexos em todas as áreas de gestão de pessoas, este livro oferece explicações detalhadas sobre uma nova perspectiva para definir, acompanhar, avaliar, remunerar e aprimorar o desempenho das pessoas nas empresas.

É certo que alguns profissionais da área não se interessam em avaliar o desempenho por acreditar que os métodos tradicionais sempre estão olhando para o passado. Mas a metodologia proposta por Rogerio vai muito além dessa perspectiva, avalia o passado, porém de olho no futuro. Seus resultados oferecem uma visão clara de como potencializar o desenvolvimento da carreira de cada pessoa na empresa. Trata-se de uma metodologia diferenciada e inovadora, que contribuirá de forma significativa para a melhoria dos resultados de todas as empresas que vierem a utilizá-la.

Na área da remuneração, o autor apresenta uma nova visão, clara e simples, mas que até hoje ninguém havia proposto. Uma verdadeira evolução não apenas em relação aos conceitos antigos de remuneração, mas inclusive àqueles mais recentes, visto que mais uma vez relaciona as competências com o resultado efetivo do trabalho.

Como se não bastasse sua contribuição no processo de gestão do desempenho e remuneração, o autor ainda ajuda a desmistificar um dos maiores enigmas da área de RH hoje: como alinhar a gestão de pessoas à estratégia organizacional. Ele parte do pressuposto de que a avaliação do desempenho de cada pessoa tem de estar congruente com os objetivos da empresa, a fim de que cada um contribua de forma significativa com a execução da estratégia definida pela organização. Para mim, essa proposta é fundamental para que possa ser efetivada uma gestão estratégica de pessoas. E o melhor: trata-se de uma proposta facilmente aplicável em qualquer tipo de empresa, independente do tamanho, da área de atuação ou da quantidade de pessoas envolvidas nos processos.

O Rogerio tem essa incrível competência de descrever processos complexos através de uma metodologia clara, sistemática e funcional. Ele procura traduzir em procedimentos do tipo "passo a passo" aquilo que outros autores só teorizam, sem mostrar "o como se faz". Esse é o grande mérito que ele tem. Tudo que for lido por você neste livro, poderá ser aplicado imediatamente na sua empresa. Ele está em suas mãos nesse momento. Aproveite a leitura!

**Willyans Coelho**   *Diretor do RH.com.br*

# Sumário

Introdução, XV

*Capítulo 1* **A Gestão por Competências nas Empresas, 1**
O Novo Conceito: Avaliação de Desempenho com Foco em Competências, 5

*Capítulo 2* **Conceitos Sobre a Forma de Executar a Avaliação de Desempenho, 11**
Regras Básicas para Construir uma Avaliação de Desempenho, 13

*Capítulo 3* **Conceitos da Avaliação de Desempenho com Foco em Competências, 21**
Conceito de Complexidade, 23
Conceito de Entrega, 26

*Capítulo 4* **Estudo Prático das Perspectivas da Avaliação de Desempenho, 29**
Consideração Importante Sobre os Estudos das Perspectivas, 30
O Resultado de cada Perspectiva na Composição do Coeficiente de Desempenho do Colaborador, 30
A Perspectiva Técnica, 31

O Que É e Como Identificar as Competências Técnicas de uma Função de Forma Prática, 32

Como Mapear Competência Técnica, 32

Passo a Passo de um Processo de Mapeamento de Competências Técnicas, 33

Explicação dos Níveis da Escala Técnica Sugerida, 33

Cálculo do Percentual de Desempenho da Perspectiva Técnica, 38

A Perspectiva Comportamental, 39

   Metodologia do Inventário Comportamental para Mapeamento de Competências, 40

   Características do Inventário Comportamental, 40

   A Metodologia, 42

   A Construção do Inventário Comportamental, 43

   Orientações para a Aplicação do "Gosto/Não Gosto/O Ideal Seria", 44

   Competências Organizacionais, 46

   Início do Processo Matemático, 46

   Competências de Cada Função, 47

   Competências de Cada Colaborador, 48

   NCCo = Nível de Competências do Colaborador em Relação à Organização, 50

   NCCf = Nível de Competências do Colaborador em Relação à Função, 51

   Cálculo do Percentual de Desempenho da Perspectiva Comportamental, 52

A Perspectiva Resultados, 54

   Conceitos Básicos sobre as Metas, 55

   Como Definir Metas, 59

   Parâmetros Básicos da Meta, 60

   Cálculo do Percentual de Desempenho da Perspectiva de Resultados, 64

A Perspectiva Complexidade, 68

Orientações Básicas para a Construção da Descrição da Função Coerente com o Conceito da Perspectiva Complexidade, 69

Parametrização da Avaliação da Complexidade: Avaliação da Responsabilidade, 74

Cálculo do Percentual de Desempenho da Perspectiva Complexidade, 74

**Capítulo 5   Perspectivas Especiais, 77**
Responsabilidade Social Empresarial, 78

**Capítulo 6   Como Calcular a Avaliação de Desempenho com Foco em Competências, 83**

**Capítulo 7   A Perspectiva Convenção, 89**
A Construção da Perspectiva, 91
Cálculo da Perspectiva Convenção, 91

**Capítulo 8   A Utilização da Avaliação de Desempenho para o Desenvolvimento, 95**
Perspectiva Técnica, 97
Perspectiva Comportamental, 97
Perspectiva Resultado, 98
Perspectiva Complexidade, 98
Perspectiva Convenção, 99
Desenvolver o Positivo: O Desenvolvimento do Futuro, 99
Programa de Autodesenvolvimento, 101

**Capítulo 9   O Coeficiente de Desempenho na Remuneração com Foco em Competências, 103**
CDC, Uma Forma Justa, 105
A Aplicação em Empresas Estatais, 109
   Considerações Finais, 111

**Anexo I, 113**

**Referências Bibliográficas, 117**

# Introdução

Remunerar por Competências!

Isso é o que todos querem. Parece ser justo mas, ao mesmo tempo, preocupa empresários, gestores, administradores e, principalmente, as finanças da empresa...

Como mensurar de forma prática e sistemática o valor de cada colaborador a ponto de oferecer uma recompensa financeira por tudo o que ele entrega à organização?

Parte da resposta está na própria pergunta, pois a recompensa deve ser feita mediante aquilo que ele entrega a organização e não mediante às competências que ele possui e não expõe!

A resposta é a Avaliação de Desempenho com Foco em Competências, que visualizará exatamente o quanto o colaborador contribui para a empresa e, a partir desse ponto, passa-se a ter a forma de remunerá-lo dentro dos parâmetros da empresa, sem causar problemas para a organização e, muito menos, "estouros" na folha de pagamento.

Muito se diz sobre avaliação de desempenho e sobre remuneração por competências, mas, por não encontrarmos literaturas claras que apresentam esses conceitos, motivei-me a preparar esse livro.

Aqui o leitor encontrará antes de mais nada a evolução do conceito do CHA utilizado nos processos de competências, entendendo o porquê da necessidade de ampliar a visão em Gestão por Competências feita da forma tradicional, o impacto prático na sua empresa e, principalmente, como trabalhar esse conceito com os seus colaboradores.

Portanto, a intenção é apresentar esse livro como um guia, tanto para empresas quanto para consultorias ou estudantes, tendo sido escrito em uma linguagem simples, fácil de ser compreendida tanto por psicólogos e administradores quanto por gestores.

Uma boa leitura e reflexão sobre as técnicas aqui apresentadas e muito sucesso na implantação da Avaliação de Desempenho com Foco em Competências!

**Rogerio Leme**
rogerio@ancorarh.com.br
rogerio@lemeconsultoria.com.br
(11) 4401-1807
www.AncoraRh.com.br
www.lemeconsultoria.com.br

## CAPÍTULO 1

# A Gestão por Competências nas Empresas

Após familiarizar-se com a Gestão por Competências, novas necessidades vão surgindo dentro da empresa. É como em nossas vidas quando compramos um carro; depois queremos trocá-lo por um melhor, depois por um com ar condicionado, cambio automático, e assim por diante, ou mesmo com um computador, que no momento da compra é o supra-sumo, mas poucos meses depois percebemos que já não é mais assim.

Assim como na vida, essa exigência acontece dentro das empresas na Gestão por Competências, pois é natural o ser humano querer e precisar de cada vez mais, porém um detalhe difere esse desejo dentro da organização: evoluir, no caso de Gestão por Competências, é questão de sobrevivência diante do mercado globalizado.

**Isso quer dizer que a bola da vez não é mais a Gestão por Competências?**

Amigo leitor, pode ficar tranqüilo que não é isso. A Gestão por Competências veio para ficar. Isso significa que é preciso evoluir cada vez mais nos conceitos e, principalmente, nas práticas da organização. É dessa evolução e aprofundamento que estou falando.

Esse livro não irá trabalhar todos os conceitos para Mapeamento de Competências, mesmo porque este foi o trabalho apresentado em meu primeiro livro ***Aplicação Prática de Gestão de Pessoas por Competências***, no qual relato com riqueza de detalhes a execução dessas etapas. Porém, para argumentar sobre a afirmação do parágrafo anterior, preciso tecer ou relembrar alguns conceitos básicos sobre competências.

Convido o leitor, mesmo que já tenha esses conceitos claros ou que já tenha lido meu primeiro livro, a acompanhar este pequeno resumo, pois nele estará a base de todo o processo de que trata esse livro, que é certamente o que o motivou a fazer essa leitura, e é a tal evolução que mencionei: **A Avaliação de Desempenho com Foco em Competências**.

Relembrando as etapas básicas de Gestão por Competências, temos:

- Mapear as competências organizacionais.
- Mapear as competências de cada função.
- Avaliar as competências de cada colaborador.

Detalhe: O mapeamento das competências de cada função e de cada colaborador não deve ser apenas das Competências Comportamentais, ou somente das Competências Técnicas, mas sim de ambas. Isso porque, segundo Scott B. Parry, competências são:

> *"Um agrupamento de conhecimentos, habilidades e atitudes correlacionadas, que afeta parte considerável da atividade de alguém, que se relaciona com seu desempenho, que pode ser medido segundo padrões preestabelecidos, e que pode ser melhorado por meio de treinamento e desenvolvimento".*

Dessa definição, que particularmente é uma das que mais me agrada, e de tantas outras definições existentes na literatura, extraímos os "Pilares das Competências", que são as três famosas letras que formam o **CHA**:

**C**onhecimento

**H**abilidade

**A**titude

O **Conhecimento** é o saber, o que aprendemos nas escolas, universidades, nos livros, no trabalho, na escola da vida. Sabemos muito, mas não utilizamos tudo o que sabemos.

A **Habilidade** é o saber fazer, tudo o que utilizamos dos nossos conhecimentos no dia-a-dia.

Já a **Atitude** é o que nos leva a exercitar nossa habilidade de um determinado conhecimento, pois ela é o querer fazer.

Nessa linha de raciocínio, muitos autores, consultores e empresas, inclusive é a que eu trabalho e acredito, costumam separar o CHA em dois grupos para poder trabalhar de forma prática as implantações dos projetos de Gestão por Competências. Esses dois grupos de Competências são:

**Competências Técnicas**: É tudo o que o profissional precisa ter para desempenhar seu papel, e são expressas pelo C e pelo H do *CHA*, o "Saber" e o "Saber Fazer".

**Competências Comportamentais**: São o diferencial competitivo de cada profissional e têm impacto em seus resultados. Aqui, são expressas pelo A do *CHA*, o "Querer Fazer".

| Conhecimento | Saber | Competência Técnica |
|---|---|---|
| Habilidade | Saber Fazer | |
| Atitude | Querer Fazer | Competência Comportamental |

Faço questão de deixar claro que essa separação do CH e do A para definir as competências técnica e comportamental é uma separação didática, pois todas as competências, técnicas ou comportamentais, precisam do CHA, afinal, segundo Parry, competência é *"um agrupamento de conhecimentos, habilidades e atitudes correlacionadas"*. Mas convido o leitor a seguir o raciocínio que levará à compreensão do exemplo citado.

É fácil compreender esses conceitos de competências técnicas e comportamentais se olharmos para alguns esportistas como o Oscar do basquete, Rogerio Ceni, goleiro do São Paulo, e tantos outros.

Ao terminar os treinos de basquete, todos iam para o vestiário e para suas casas, enquanto o Oscar permanecia na quadra treinando arremessos de três pontos. O mesmo com Rogerio Ceni, que, após o término do treino, colocava a barreira fixa e, com um saco de bolas, ficava cobrando faltas.

Ao fazerem isso, aprimoravam suas Competências Técnicas, aumentando a habilidade de um conhecimento adquirido, como arremessar ou bater na bola (CH).

Porém, isso acontece somente pelo diferencial competitivo de cada um que, ao término do treino, ao invés de ir para casa, persistam no treinamento, e que, durante o jogo, têm coragem de arremessar de três pontos ou bater a falta ou pênalti. Esse diferencial competitivo é a Competência Comportamental (A).

É interessante essa comparação (apesar de eu ser corinthiano), mas existe algo que precisa ser complementado e que veremos em alguns parágrafos adiante.

Voltando ao mundo corporativo a evolução que precisamos fazer no conceito de Gestão por Competências (comparando com o *upgrade* – atualização – do computador quando compramos o micro e já sentimos que precisa evoluir), não mais podemos utilizar os mesmos recursos dos sistemas tradicionais de Gestão de Pessoas: precisamos de Novos Recursos e Ferramentas.

Por exemplo, de nada adianta promover o mapeamento e a avaliação das competências na organização se não for implantada a Seleção por Competências. Afinal, a Seleção é a porta de entrada dos colaboradores.

Também é preciso mudar a antiga forma de fazer Treinamento nas empresas, substituindo o tradicional LNT – Levantamento das Necessidades de Treinamento – por um LNT baseado em Competências, com características precisas.

Tudo isso é Gestão por Competências e, assim, conseguimos visualizar que os antigos procedimentos da Gestão devem ser substituídos pelos novos, sempre com foco em competência.

Remuneração e Carreira, a nova forma de mencionar Cargos e Salários em Gestão por Competências, não poderia ficar de fora. Aliás, implantar a Remuneração por Competências é a grande necessidade que encontramos hoje nas empresas. Por outro lado, existe uma falta de literatura que trate esse tema de forma clara, objetiva e com praticidade.

O percurso que fizemos até aqui era previsível, pois muitos autores sempre falam sobre isso. Mas onde está a diferença?

## O Novo Conceito: Avaliação de Desempenho com Foco em Competências

Justamente na identificação do novo Conceito sobre a tão utilizada Avaliação de Desempenho, que deve chamar-se *Avaliação de Desempenho com Foco em Competências*, identificamos nos colaboradores o que eles efetivamente "entregam" para a Organização.

Em outras palavras, a Gestão de Pessoas realizada por competências não pode ficar somente no conceito do *CHA* – Conhecimentos, Habilidades e Atitudes –, pois ele por si só é fundamental, mas não é suficiente.

Isso não significa que o que foi feito até agora está errado e que teremos que começar tudo de novo. Significa que precisamos fazer a atualização do processo, o *upgrade* no método, identificando a **Complexidade** das suas funções, atividades, atribuições e responsabilidades bem como aquilo que o colaborador efetivamente entrega à organização.

Joel Dutra, através de seus livros e artigos, traduz e complementa as visões de diversos autores de outros países, como Dalton e Thompson, Jaques, Towbottoom, Bílis e Stamp, dentre outros, sobre os conceitos de entrega e complexidade. Ele afirma que *"o fato de as pessoas possuírem determinado conjunto de conhecimentos, habilidades e atitudes, não é a garantia de que elas irão agregar valor à organização"* (Dutra – Competências – 2004).

Isso é fácil de se compreender, pois não quer dizer que com apenas com uma avaliação técnica (o CH do *CHA*) e outra comportamental (o A do *CHA*) poderemos afirmar que um profissional serve para a sua função e que trará resultados. Precisamos de outros fatores.

O pior é o conceito errôneo que algumas empresas estão utilizando ao aplicar o mapeamento de competências e implantar a avaliação das mesmas chamando essas avaliações de Avaliação de Desempenho ou de Performance. **O *CHA* por si só não é Desempenho ou Performance** do colaborador.

Imagino o leitor perguntando-se: "Ora, mas para que serve então todo o processo de avaliação, inclusive o conceito de Avaliação 360° visto e utilizado até agora?"

Retomando a definição de Scott B. Parry, competências são:

*"Um agrupamento de conhecimentos, habilidades e atitudes correlacionadas, que afeta parte considerável da atividade de alguém, que se relaciona com seu desempenho, que pode ser medido segundo padrões preestabelecidos, e que pode ser melhorado por meio de treinamento e desenvolvimento".*

Note na definição o seguinte fragmento: "... *que se relaciona com seu desempenho...*". Isso significa que o *CHA* **se relaciona com o desempenho,** mas **não que o *CHA* seja o desempenho**. É por isso que, cada vez que leio essa definição de competências de Parry, aumenta minha identificação e, por conseqüência, é a que mais admiro.

Esse fragmento da definição de Parry é o ponto de trabalho e a afirmação de que tudo o que foi feito até agora é **FUNDAMENTAL** para um processo estruturado, mas que precisa ser complementado.

Assim, é primordial entendermos que Avaliação de Competência Técnica e Avaliação de Competência Comportamental fazem parte do processo da Avaliação de Desempenho, mas elas somente **não são a Avaliação de Desempenho**, pois não mensuram a "Entrega" do colaborador e a Complexidade de sua função.

Ficar somente no conceito ou na avaliação do *CHA* e, a partir deles, promover ações de Treinamento e de Desenvolvimento dos colaboradores com foco em competências e levar esses conceitos para a Seleção, realizando Seleção por Competências é, sim, sem sombra de dúvidas, fazer Gestão por Competências. Isso, porém, é muito pouco e superficial para o que deve ser explorado em termos de Gestão por Competências, considerando-se a Estratégia da Empresa, ou seja, é preciso fazer a Gestão por Competências Estratégica.

Toda empresa vive de resultados e é feita de seus colaboradores. Daí a afirmação de que o maior capital das empresas é o capital humano. Mas o capital humano precisa trazer resultados, caso contrário a organização não sobreviverá nem para ela mesma, nem para seu capital humano.

Digo isso porque fazer Gestão de Pessoas não é um mundo "cor-de-rosa", no qual precisamos promover e valorizar as pessoas. Claro que isso é fundamental, pois se os colaboradores não se sentirem valorizados e motivados a empresa não atingirá os resultados. Mas a empresa precisa de lucro, mesmo as entidades não-governamentais ou filantrópicas precisam pagar suas contas e ter o lucro do resultado de sua atividade-fim, mesmo que não seja monetário. E não apenas "às vezes", mas, infelizmente, muitas vezes, gestores de pessoas, do RH ou não, canalizam seus esforços apenas nas pessoas, no ambiente, e se esquecem dos resultados.

Fazer Gestão por Competências Estratégica é fazer, por meio das pessoas, com que a empresa cumpra na plenitude sua Estratégia, justificando sua Missão e alcançando a Visão determinada.

Por outro lado, existem as empresas que colocam os resultados acima de tudo e de qualquer um. Ambos os casos são malignos para a organização, haja visto o princípio da metodologia do BSC – *Banlanced Scorecard* – desenvolvido por Norton e Kaplan, que trata a saúde da empresa por meio da Gestão de Estratégia, com base em quatro perspectivas básicas: Cliente, Finanças, Processos e Pessoas, e que precisam estar equilibradas.

Portanto, nem o mundo "cor-de-rosa", nem a política extrema dos resultados. Precisamos do equilíbrio de forma sustentada e alinhada à estratégia da empresa, ou seja, precisamos de pessoas que tenham competências técnicas, competências comportamentais, que tragam resultados para a organização, mas que também contribuam com o crescimento da empresa, que é a entrega de cada um, dentro do padrão de complexidade da sua função.

É isso que ocorre com os esportistas citados no exemplo acima – o Oscar do basquete e o goleiro Rogerio Ceni. Não basta que eles tenham a competência técnica, saber arremessar ou cobrar falta e que a treinem. Não basta a atitude de treinar. Durante o jogo, eles precisam ter a atitude de realizar e serem efetivos em suas ações, ou seja, converter o arremesso e fazer o gol. Esse é o resultado.

Mas eles fazem mais do que simplesmente trazer o resultado, porque outros atletas também podem oferecer esses produtos. Oscar e Rogerio Ceni certamente contribuem com uma entrega especial para suas equipes, algo que fica na organização-"equipe" e que permite que busquem desafios maiores, aumentando a complexidade de suas ações.

Esse é o princípio do Desempenho com Foco em Competências, pois atletas que fazem gols ou convertem cestas de três pontos existem vários, mas quais são regulares, quantos possuem conduta comportamental exemplar e agregam para suas equipes além de cumprirem com suas metas?

Certamente eles possuem problemas, defeitos e precisam melhorar e desenvolver-se, como qualquer *ser humano*, mas são esses profissionais que as empresas precisam identificar no mercado, ou melhor, desenvolver em suas organizações, para que possam agir alinhados à sua estratégia e possam participar de forma vencedora de um mercado extremamente concorrido e globalizado.

Fazer Gestão de Pessoas por Competências, então, passa a ser "Buscar Resultados com Competência" por meio de seus colaboradores, e, para isso, somente o *CHA* é insuficiente.

Esse conceito aqui apresentado está baseado em dados já conhecidos por muitos, e conceitos que parecem óbvios. São simples sim; no entanto, sua simplicidade não significa que sejam simplistas. Assim como o material do meu primeiro livro, no qual apresentei uma forma de mapear as competências comportamentais da organização, de cada função e, ainda, como avaliar essas competências nos colaboradores por meio de um método simples, porém prático e inovador, o método aqui apresentado segue a mesma forma e princípio, que é permitir que você possa aplicá-lo com tranqüilidade em sua empresa.

Esse livro não tem o objetivo de ser mais um livro de teoria ou algo aplicável apenas a grandes corporações, mas sim de ser um livro de prático e que mostre efetivamente como agir em sua empresa, independentemente do porte ou segmento de mercado em que atua. Esse é o meu compromisso com você, leitor.

Para finalizar este capítulo, quero voltar a citar Dutra e toda a compilação de informações e conceitos dele e de diversos autores nacionais e internacionais, que ele apresenta em suas obras e que são extremamente importantes e valiosas.

Numa de suas colocações em seu livro, ele menciona a "falência dos cargos como elemento de identificação da contribuição das pessoas para a organização", ou seja, a descrição tradicional do cargo. Ele ressalta ainda ser esse o principal "motivo das distorções na análise e interpretação da realidade organizacional".

E ele está coberto de razão, pois, ao avaliarmos o desempenho do goleiro Rogerio Ceni, o não analisamos a simples "descrição de seu cargo", que seria algo como, em uma visão simplista: "manter-se próximo à meta do gol, evitando que a bola ultrapasse essa meta; que na região do campo determinada como grande área, ele pode pegar a bola com as mãos, porém não pode cometer falta, pois seria um tiro livre na marca do pênalti, etc., etc., etc." –, afinal isso vale para todos os goleiros. Ao avaliá-lo, fazemos com base em parâmetros de entrega, ou seja, o que faz ser especial e diferente dos demais "guarda-metas", como diriam os saudosos do mundo do futebol.

Não acredito no cargo como um elemento para o processo de Gestão de Pessoas por Competências, porém, na realidade, tudo gira em torno de um título que o colaborador precisa ter e, ainda por cima, em termos de legislação, é preciso que ele exista.

Iniciando uma reflexão nesse sentido, podemos dizer que existe uma diferença entre função e cargo, e tenho a seguinte interpretação: "Cargo é na folha de pagamento, é registro em carteira, diferente de Função, que representa o que o colaborador deve ser ou fazer em sua organização". Afinal, somos o que fazemos, e não o que está registrado em um contrato. Vejamos o porquê recorrendo à área hospitalar.

Em um hospital, temos os enfermeiros. Em suas carteiras de trabalhos encontra-se o registro "Auxiliar de Enfermagem" ou, agora, em novas exigências de mercado, o de "Técnico de Enfermagem". Porém, o perfil de um Auxiliar/Técnico de Enfermagem da UTI é totalmente diferente do Auxiliar de Enfermagem da Pediatria, do Pronto Socorro e da Geriatria. Essas são as funções.

Claro que, segundo o conceito de entrega ou as expectativas de entrega que esperamos do colaborador, a função por si só não representa a forma de se avaliar os colaboradores, mas é inegável que, assim como o *CHA* no fragmento da definição de Parry, nela temos um indicador ou referência "... *que se relaciona com seu desempenho...*".

Temos essa referência ao analisarmos as Atribuições e Responsabilidades nela registradas. A diferença estará na forma de construção dessas Responsabilidades e Atribuições, que, se forem estruturadas e alinhadas com o plano estratégico da empresa, poderemos, sim, utilizar funções e extrair complexidade e entrega dos colaboradores por meio da Avaliação de Desempenho, não a tradicional, mas a Avaliação com Foco em Competências, além de manter uma compatibilidade com o padrão utilizado pelo mercado para fazer, por exemplo, pesquisas salariais. E isso sem afetar ou diminuir o "*upgrade*" necessário para fazer a Gestão de Competências Estratégica.

Os próximos capítulos irão apresentar detalhadamente cada etapa para a construção da Avaliação de Desempenho com Foco em Competências sob medida para a sua organização, alinhada à estratégia organizacional.

**CAPÍTULO 2**

# Conceitos sobre a Forma de Executar a Avaliação de Desempenho

Ao escrever este capítulo tive a curiosidade de buscar o significado de algumas palavras envolvidas nesse conceito, ou pré-conceito, do que chamamos de Avaliação de Desempenho. As palavras que escolhi são: Empenho, Desempenho, Resultado, Avaliação e Performance. A fonte de pesquisa foi o Dicionário Aurélio.

Empenho:

    1. Ato de dar a palavra em penhor; obrigação.

    2. Grande interesse

Desempenho:

    1. Resgatar (o que dera como penhor).

    2. Livrar de dívidas.

    3. Cumprir (aquilo a que se estava obrigado).

    4. Executar.

Resultado:

    1. Ato ou efeito de resultar (que significa "ser conseqüência ou efeito" ou ainda "nascer; proceder").

2. Produto de uma operação matemática.
3. Termo, fim.
4. Lucro, proveito.

Avaliação:

1. Ato ou efeito de avaliar.
2. Valor determinado pelos avaliadores.

Performance:

1. Não é uma palavra que se origine na Língua Portuguesa, mas sim da Língua Inglesa, que significa Desempenho.

Algumas reflexões no sentido organizacional são válidas para compreender o objeto da Avaliação de Desempenho, do qual considero importante compartilhar algo que parece claro, porém certamente nos esquecemos ao implantar uma Avaliação de Desempenho. Vamos iniciar pela constatação clara de que Empenho não é Desempenho.

O **empenho** acontece quando somos expostos a um desafio e o aceitamos, como, por exemplo, uma nova proposta de trabalho, emprego, um novo projeto, ou mesmo um desafio em nossa empresa. Nesse momento, *damos nossa palavra* de que faremos o melhor papel para alcançar o **resultado** desejado.

A parte "cômica" da definição de empenho é que, muitas vezes, há necessidade em assumir o empenho no sentido de "*obrigação*", quando um "chefe" diz à sua equipe: "Contamos com o *empenho* de todos"... Já pensou que ele pode estar falando do sentido de obrigação, segundo o significado do dicionário?!

Embora *empenhados* no desafio, isso não significa que conseguiremos *resgatar nossa palavra que demos como penhor*, de que vamos *cumprir* ou *executar* todo o desafio, ou seja, alcançar o *resultado* esperado.

Então, o **desempenho** é o resgate por meio da **avaliação** para saber se os resultados foram alcançados, de forma a saber se ficaremos ou não, ainda, com alguma dívida (no sentido do dicionário: "livrar-se de dívidas").

Portanto, empenho não é desempenho, e, ao avaliarmos o desempenho de um colaborador, precisamos ter claro "o que foi prometido" ao dar o empenho de nossa palavra, ou seja, qual o resultado combinado.

As conclusões a que podemos chegar nos levam a visualizar algumas regras básicas para construir uma Avaliação de Desempenho, que serão apresentadas a seguir.

## Regras Básicas para Construir uma Avaliação de Desempenho

1. *Não é possível implantar a Avaliação de Desempenho iniciando-se pela avaliação.*

    Não é sadio, ou sábio, alguém empenhar sua palavra em um resultado que não se sabe qual é. Logo, não é possível implantar a Avaliação de Desempenho iniciando-se pela avaliação; é preciso iniciar pelo empenho, ou seja, é preciso estabelecer as regras do jogo e combinar o que será avaliado e a forma com que será avaliado.

    Somente assim, ao chegar o momento da Avaliação de Desempenho, o colaborador avaliado terá, de forma clara, a compreensão se ele tem alguma "dívida" ou não. Quer dizer, precisa ficar claro para ele se atingiu seu desempenho máximo, e se não atingiu (ficou a dívida), qual foi o motivo que o levou a isso, para que ele possa empenhar novamente sua palavra no resultado a ser alcançado, porém, agora, sabendo onde precisa melhorar.

    Antes de iniciar a avaliação, precisamos determinar o que será avaliado e como, para que possa haver o empenho consciente de toda a organização.

    Não cometa o erro de muitas empresas que, na ansiedade de apresentar resultados, querem começar o processo pela avaliação, querendo um resultado. Resultado de quê? Essas empresas buscam apresentar um número para justificar alguma exigência de algum processo ou, infelizmente, de algum diretor ou presidente de empresa que deseja a Avaliação de Desempenho no máximo em 30 dias, por exemplo.

Resultados assim efetivamente não existem, a não ser que seja feito um trabalho recorde, em uma semana de preparo, e você avalie apenas 21 dias. Primeiro porque não é possível ser feito assim, e mesmo que fosse, não adiantaria avaliar um período tão curto. Pior ainda se o argumento for de que é possível avaliar o passado; voltemos à origem das palavras: no passado os colaboradores haviam empenhado suas palavras no resultado esperado? Os colaboradores sabiam que seriam avaliados?

Não é preciso avaliar absolutamente nada nesse caso, pois saberemos que alguns ficarão com "dívidas" que não são justas e outros terão suas "dívidas" perdoadas. É assim que funcionam as avaliações que não estão estruturadas.

E esse é o motivo pelo qual, historicamente, muitas pessoas abominam o momento da Avaliação de Desempenho. No outro extremo, existem casos nos quais a Avaliação de Desempenho significa aumento salarial, pois, como a empresa não tem critério para saber o que cobrar, é benevolente e avalia sempre o colaborar ao máximo, causando um pequeno problema administrativo, como a explosão da folha de pagamento.

Portanto, inicie pelo processo de implantação da Avaliação de Desempenho, e não pela a avaliação propriamente dita. Para isso, é preciso determinar o que avaliar e como será a avaliação. O Capítulo 3 apresentará como construir a avaliação.

2. *É necessário que haja um período razoável entre a implantação do processo da avaliação (o empenho) e o momento da Avaliação de Desempenho.*

O período entre a divulgação do início da avaliação (empenho dos colaboradores) e o momento da avaliação deve ser o suficiente para que possam ser gerados resultados. Geralmente esse período é de, no mínimo, seis meses e, mais comum, de um ano.

Isso não significa em hipótese alguma que somente no momento da avaliação ele deva ser observado; muito pelo contrário. É necessário um acompanhamento e uma freqüência a ser estipulada por cada objetivo da avaliação.

Um exemplo prático: se for constatado através de fatos que eu tenha problema de colesterol alto a partir de exame de sangue, eu posso empenhar-me para reduzi-lo, por meio de um plano de ação, que pode ser, por exemplo, praticar exercícios, reduzir o peso ou melhorar a alimentação.

No item reduzir peso, eu preciso estipular uma meta para 12 meses, por exemplo. Mas não adianta absolutamente nada se eu não colocar em prática ações para que a perda de peso efetivamente ocorra, muito menos dizer que daqui a 30 dias terei o peso ideal. É preciso estar empenhado com o resultado; mas preciso efetivamente tomar ações para que isso ocorra. E é fundamental que eu mensure em uma freqüência como está ocorrendo a evolução, para que haja tempo suficiente para que minha conduta possa ser corrigida ou melhorada conforme as minhas avaliações "parciais", que, no caso da perda de peso, podem ser semanais, quinzenais ou mensais, de acordo com a estratégia que quero adotar.

Agindo dessa forma, ao fazer o meu exame de sangue depois do período estipulado, terei resultados de acordo com os meus esforços, e claro que, se não agir em busca do resultado empenhado, ficarei em dívida com o médico no momento de uma avaliação feita com critério e sobre fatos incontestáveis, como o exame de sangue.

É assim que deve acontecer com a organização e com os colaboradores ao assumirem o compromisso com um resultado, no caso, o empenho. É preciso estipular um período razoável para que a avaliação oficial, ou seja, a Avaliação de Desempenho, seja realizada pela organização. Por outro lado, o colaborador deverá constantemente estar monitorando os resultados parciais dos objetivos que foram assumidos junto à organização.

Quando os colaboradores são preparados e instruídos a agirem dessa forma, ou seja, eles próprios agindo como os avaliadores parciais e monitorando o resultado, a organização cria a cultura da Avaliação de Desempenho, mas, para isso, é preciso ter tempo suficiente, nem menos e nem mais do que realmente é preciso.

**3. *É preciso deixar claro qual o resultado esperado e como acontecerá a avaliação.***

Ao assumir uma dívida, é preciso saber o que está sendo assumido e, principalmente, quais as condições para, de acordo com o seu orçamento, saber se é possível quitá-la no final do período acordado.

Somente quando os colaboradores participam da construção dos objetivos da Avaliação de Desempenho é possível ter um resultado que agregue tanto para o colaborador quanto para a organização.

Definir quais os objetivos não significa querer ou não trabalhar um ou outro deles, pois os objetivos devem estar inseridos na estratégia da empresa, e certamente alguns, mesmo que difíceis ou dolorosos, precisam ser trabalhados.

É preciso humanizar a Avaliação de Desempenho, porém humanizá-la não quer dizer conduzi-la de forma "frouxa", mas sim contar com a participação das pessoas justificando os pontos divergentes para que haja um consenso alinhado à estratégia da organização em busca do cumprimento de sua Missão e Visão.

**4. *O avaliador precisa estar preparado para avaliar***

Se a avaliação é o valor determinado pelos avaliadores, é preciso que esse valor seja justo e que não haja dúvidas sobre ele. Daí a importância em utilizar, na Avaliação de Desempenho, critérios objetivos e mensuráveis. Mesmo o comportamento, que faz parte do processo de avaliação, precisa ser mensurável, e isso é possível por meio dos indicadores de comportamento (maiores detalhes no Capítulo 4, item A, Perspectiva Comportamental).

Portanto, os critérios devem ser claros, mensuráveis, conhecidos por todos e devem referir-se ao período do empenho até a data do início da avaliação.

Não é possível obter um resultado coerente se forem avaliados fatos ocorridos antes do início da avaliação. Se o avaliador fizer dessa forma, ele não estará avaliando o resultado empenhado, mas sim algo retroativo e que não está no contexto da avaliação.

Isso não quer dizer que o passado deva ser simplesmente esquecido, mas que a avaliação deve acontecer baseada em um determinado período, que tem seu início na data do empenho e término no início da avaliação.

Se a empresa nunca utilizou um método claro e científico na avaliação, avaliar algo anterior ao empenho é subjetivo e, conseqüentemente, irá distorcer o resultado da avaliação.

## 5. *É necessário apresentar o resultado ao avaliado*

Quem teve o desempenho avaliado precisa ter acesso ao resultado com a finalidade de saber se a "dívida" adquirida no empenho foi quitada ou não. Isso é justo, pois o resultado não deve ficar somente ao alcance do gestor ou do RH.

Utilizando o exemplo do exame de colesterol, quando o médico faz a leitura do resultado, ele precisa dizer que o colesterol total foi de X e que esse valor é composto de um colesterol bom e outro ruim (o HDL e o LDL), para que, a partir desse resultado, ele possa "orientar" o paciente em como atingir um melhor resultado no próximo exame. Se ele reter o resultado ou simplesmente dizer que algo não está bem, o paciente fica sem uma referência para poder tomar as ações necessárias.

Da mesma forma, se isso ocorrer nas empresas, ou seja, se o colaborador não tiver acesso, não apenas ao resultado da avaliação, mas a uma orientação sobre esse resultado e detalhamento de sua composição, ele ficará sem saber o que fazer.

Agindo dessa maneira, a empresa estará utilizando a ferramenta de avaliação sim, mas não de forma correta, pois o objetivo da avaliação é gerar desenvolvimento e um realinhamento com a estratégia da empresa. Se isso não for feito, a avaliação será apenas um instrumento que foi aplicado sem gerar resultado algum. Aliás, pode gerar resultados negativos, pois criará nos colaboradores a "síndrome da avaliação": após preencher diversos formulários, ninguém sabe o que irá acontecer... será que vai haver demissão, retaliação, punição? Esse não é o clima para uma empresa que vive em um mercado globalizado.

### 6. *Não assumir o que não é possível de ser cumprido*

Um dos problemas comuns no processo da avaliação é a empresa descarregar um caminhão de objetivos não-alcançáveis, irreais. Muitas vezes, esse é um problema do colaborador que assume algo que não pode cumprir.

É como um consumidor que faz diversas compras parceladas e, depois, a renda não é suficiente para quitar as despesas do mês.

Resultado: Empenho sem cumprir com o resultado, na Avaliação de Desempenho, gera dívidas. E a conseqüência é pior, pois, se o colaborador não atingiu suas metas, vamos colocar novas metas e ele terá que atingir o que ficou para trás e as novas.

Isso é a acumulação de dívidas, e é muito fácil prever o resultado, ou melhor, a falta de resultado que isso irá gerar. A dívida fica cada vez maior, até chegar ao ponto em que um ou outro vai pedir a falência ou a moratória (demissão). Novamente, esse não é o clima para uma empresa que vive em um mercado globalizado.

Assim, é fundamental não cometer o "pecado da gula" na fase do empenho da Avaliação de Desempenho.

Quando olhamos o desempenho, estamos olhando para o passado, analisando o que já ocorreu e que não voltará mais. É importante ter a base histórica e saber recorrer a ela com inteligência, para que a base do futuro seja construída de forma sólida.

A Avaliação de Desempenho é o passado, sempre foi. Porém, a *Avaliação Desempenho com Foco em Competências* olha para o *futuro*, que é o *desenvolvimento* das pessoas e onde os resultados obtidos no passado servem ao serem analisados, para a criação de novas estratégias e alternativas.

Isso permite que os resultados a serem alcançados na próxima Avaliação de Desempenho possam ser melhores em termos do colaborador e, por conseqüência, da organização.

A diferença está em utilizar a Avaliação de Desempenho, onde empresas alinhadas com a nova realidade do mercado, utilizam a *Avaliação de Desempenho para o Desenvolvimento*.

Dentre aquelas palavras que pesquisei no dicionário, ainda não comentei sobre a *performance*. Apesar de muitos pensarem que é uma palavra de nosso idioma, não é, mas a usamos quase que diariamente. Até aí nenhum problema. *Performance* significa *desempenho* em inglês.

O problema está em diversos autores e consultores utilizarem a expressão "Avaliação de Performance", que, em português, significa "Avaliação de Desempenho", e, ao utilizarem tal terminologia, considerarem apenas a avaliação das competências técnicas e/ou competências comportamentais, induzindo leitores e empresas a cometerem erros gravíssimos, como querer remunerar pessoas com foco em competências.

Calma. Não quero dizer que as pessoas não precisem ser remuneradas ou, ainda, que a Remuneração com Foco em Competências seja um conceito errado. É um conceito errado se for utilizado somente baseado em competências técnicas ou comportamentais, o *CHA*.

O *CHA* por si só não diz o que o colaborador entrega para a empresa. Precisamos de outros fatores que compõem a Avaliação de Desempenho com Foco em Competências, e, com o resultado dessa, poderemos aplicar a Remuneração por Competências de forma consistente.

Foi essa análise que me motivou a escrever esse livro abordando esse tema e, ainda, a utilizar como subtítulo "A base para a Remuneração por Competências".

Nos diversos livros que estudei sobre o tema Remuneração por Competências, encontrei teoria e conceito, mas nenhum deixou claro o suficiente como chegar em uma base convincente, científica, não-subjetiva e simples de como determinar a efetiva competência do colaborador – base para a remuneração; não a competência no conceito do *CHA*, mas na avaliação do colaborador como um todo, a ponto de justificar sua entrega para a organização (o que ele realmente é) e transformar esse resultado em dados precisos para a área de Remuneração.

É importante ressaltar que, apesar de o RH ser uma área humana, ela precisa identificar-se com números e ter comprovações dos fatos. Isso ajuda a argumentar qualquer trabalho, ainda mais quando o assunto é remuneração, recaindo sobre um setor que libera ou não o dinheiro, que é o financeiro.

Todos os fatores que devem compor a construção da Avaliação de Desempenho com Foco em Competências começam a ser estudados no próximo capítulo.

## CAPÍTULO 3

# Conceitos da Avaliação de Desempenho com Foco em Competências

Para chegar ao modelo de Avaliação de Desempenho com Foco em Competências, precisamos recorrer a um breve estudo da história de como ela foi aplicada nas últimas décadas e entender os pontos positivos e negativos que ela trouxe.

Até os anos 80, a Avaliação de Desempenho, na maioria das empresas que fizeram a opção de implantá-la, limitava-se à análise das Competências Técnicas do colaborador.

Embora o termo "Competência Técnica" ainda não estivesse difundido, apesar de já existir em outros países, instintivamente era isso que era avaliado nos funcionários (também ainda não era usado o termo colaborador).

Essa avaliação era unilateral, na qual o superior imediato avaliava se o, até então, funcionário tinha ou não os requisitos técnicos, ou seja, as competências.

O resultado era o famoso LNT – Levantamento das Necessidades de Treinamento –, que, com o passar dos anos, foi levado para o lado comportamental, embora de forma imprecisa e, geralmente, avaliando-se aspectos genéricos na grande maioria de Liderança e Motivação.

Ainda nos anos 80, mas principalmente na década de 90, houve uma febre por Resultados e a base da Avaliação de Desempenho passou a ser a Avaliação por Objetivos, APO, no qual somente as metas alcançadas eram glorificadas e as não alcançadas, crucificadas. Quer dizer, o colaborador, que ainda era referenciado como funcionário, era crucificado.

Essa avaliação trouxe diversos traumas aos colaboradores em função da forma como era conduzida, principalmente com relação à questão de determinar quais seriam os objetivos, pois estes eram impostos. Foi quando surgiu a APPO, Avaliação Participativa por Objetivos, que nada mais é do que a APO, porém com a participação dos colaboradores para construir o que avaliar. Isso foi um avanço importante, mas ainda não tínhamos uma visão do que era o colaborador.

Na metade da década de 90 e início do ano 2000, veio à tona o conceito de competências. Parecia, então, que os problemas seriam sanados. Foi a era da instalação do conceito do *CHA* nas empresas.

Mas, estranhamente, o mercado acabou focando-se na Competência Comportamental e se esqueceu da Competência Técnica e dos objetivos na composição da Avaliação de Desempenho, embora ele ainda persistisse nas empresas de forma paralela.

O erro do mercado, de autores e consultores, foi utilizar a Avaliação de Competências Comportamentais e chamá-la de Avaliação de Desempenho ou Avaliação de Performance.

E pecado maior ainda é que existe atualmente um movimento que quer levar a Avaliação de Competência para a Remuneração, gerando a Remuneração por Competências.

Erro, porque um colaborador não é apenas comportamento e, reforçando, a **Avaliação de Competências não é Avaliação Desempenho**.

Até essa parte história, podemos concluir que temos três fatores, que irei chamar de perspectivas. São elas:

- Perspectiva Técnica.
- Perspectiva Comportamental.
- Perspectiva Resultado.

Segundo o dicionário Aurélio, perspectiva significa:

1. Arte de representar os objetos sobre um plano tais como se apresentam à vista.

2. Aspecto dos objetos vistos de certa distância.

3. Expectativa.

O sentido do terceiro significado, expectativa, foi o que definitivamente selou o motivo de chamá-la de perspectiva, pois, segundo o dicionário, o significado é "esperança fundada em supostos direitos, probabilidades ou promessas" e a palavra promessa me fez recordar do significa da palavra empenho, apresentada no capítulo anterior.

Parecia, então, que essas perspectivas seriam suficientes para montar a Avaliação de Desempenho, agora com o adicional de ser uma Avaliação com Foco em Competências, pois, além do APO temos a análise do *CHA*.

Mas algo ainda estava faltando, pois o *CHA* não traduz o conceito de entrega e complexidade do colaborador.

## Conceito de Complexidade

Embora eu não seja favorável ao termo "cargo", para um entendimento mais fácil do conceito de Complexidade vamos recorrer a uma prática comum na montagem de um Plano de Cargos e Salários – PCS –, que é uma prática tradicional na administração de RH.

Tomo a liberdade de substituir o termo "Cargo" pelo termo "Função", de forma a ficar coerente com o meu ponto de vista sobre as diferenças entre esses termos que foram explicitados no Capítulo 1.

Após ter as funções de uma empresa definidas, é necessário promover um equilíbrio interno dessas funções, de acordo com as atribuições e responsabilidades de cada função, ponderando o impacto de seus resultados financeiros e estratégicos dentro da organização.

Em outras palavras, se o colaborador da função 'A', por exemplo, comete um erro e isso ocasiona um impacto financeiro de mil reais, é bem menos significativo se comparado a um erro de proporção similar cometido por um colaborador de função 'B', e que, devido a sua função, esse erro tenha o impacto de um milhão de reais. Isso ocorre porque a complexidade da função 'A' é bem menor que a complexidade da função 'B'.

Apresentei o exemplo atrelado a um impacto financeiro por ser mais simples de ser visualizado; no entanto, vale ressaltar que a complexidade não está associada apenas à visão financeira, e sim a qualquer fato dentro da organização, como a imagem da empresa, por exemplo.

Essa constatação de que outras visões têm impacto na complexidade se justifica pela "simples" introdução apresentada por Robert S. Kaplan e David P. Norton, os autores do conceito do *Balanced Scorecard* e do livro *A Estratégia em Ação – Balanced Scorecard*, no qual relatam que *"motivado pela crença de que os métodos existentes para avaliação do desempenho empresarial, em geral apoiados nos indicadores contábeis e financeiros, estavam se tornando obsoletos. Os participantes* (do estudo) *acreditavam que depender de medidas de desempenho consolidadas, baseadas em dados financeiros, estava prejudicando a capacidade das empresas de criar valor econômico para o futuro"*.

A imagem da empresa, assim como diversos outros indicadores, influenciam no valor econômico da organização e também na estratégia.

Guy Le Boterf, autor francês, em seu livro *Desenvolvendo a Competência dos Profissionais*, também citado por Dutra, define como profissional "aquele que administra uma situação profissional complexa", e Dutra complementa o significado de complexidade como "o conjunto de características objetivas de uma situação as quais estão em um processo contínuo de transformação".

A boa notícia é que é possível encontrar essa complexidade na descrição das funções, justamente no item "Atribuições e Responsabilidades".

Mas como tudo requer uma melhoria, o tal do *upgrade*, é preciso preparar as descrições de função, visando à extração dessas informações de forma concreta e alinhada ao Plano Estratégico da empresa. Isso será apresentado no Capítulo 4, ao estudarmos a *Perspectiva Complexidade*.

Complexidade é uma responsabilidade dentro da organização a ser assumida por alguém e varia de acordo com o nível hierárquico da função. Mais uma vez recorrendo ao dicionário, responsabilidade significa: "obrigação de responder pelos seus atos ou pelos de outrem". E, levando para o contexto organizacional, o colaborador deve responder pelos seus atos e decisões; e não somente os seus, mas os de sua equipe.

E realmente é assim que ocorre, até o nível mais alto da organização. Veja o exemplo que James Hunter, o autor do livro *O Monge e o Executivo*, relata em seu recente livro *Como se Tornar um Líder Servidor* ao trazer o exemplo de um *feedback* de Jack Welch, ex-presidente da GE, para Jeffrey Immelt, um dos três colaboradores que estavam sendo preparados para sua sucessão. Quando Jeffrey Immelt dirigia uma subsidiária da GE, Plastic Américas, que estava com péssimo resultado, apesar de toda a admiração de Welch por Immelt, aquele disse-lhe: "Eu amo você, sou seu maior fã! Mas você é responsável pelo pior ano da empresa. Terei de afastá-lo, se não puder dar um jeito".

Mesmo Jeffrey Immelt sendo quem era, e atual presidente da GE, o que indica que ele reverteu a situação, teve de responder pelos seus atos. Assim como o presidente de uma empresa tem de responder por um problema que tenha ocorrido com um produto ou serviço; quanto maior o nível hierárquico, maior a complexidade, maior a responsabilidade.

A tomada de decisão deve ser realizada em todos os níveis da organização, mas cada uma tem um impacto diferente de acordo com a complexidade da função.

Tomar uma decisão conforme a complexidade da função pode levar uma empresa ou um país à falência, e isso precisa ser considerado dentro da avaliação de desempenho.

Isso acontece nas empresas, na vida, em todos os lugares. Na final da Copa de 1994, no jogo Brasil contra Itália, a decisão de quem iria cobrar os pênaltis contra a seleção italiana foi do técnico, e não dos jogadores. Alguns se colocaram à disposição do treinador, outros temeram e não o fizeram, mas a escolha foi do treinador, que era o Parreira. Assim como na final da Copa de 1998, Brasil contra a França, a decisão de permitir que o Ronaldinho jogasse após o problema que teve também foi do técnico, na ocasião, Zagallo.

Tomar uma decisão é fundamental, e todos estão sujeitos a erros, mas segundo Herbert Von Karajan, "Quem decide, pode errar. Quem não decide, já errou". E tudo isso é responsabilidade vinculada à complexidade da função, e, por isso, deve compor a Avaliação de Desempenho com Foco em Competências.

Dessa forma, chegamos à 4ª Perspectiva da composição da Avaliação de Desempenho, sendo essas quatro perspectivas as "***Perspectivas Básicas da Avaliação de Desempenho com Foco em Competências***":

- Perspectiva Técnica.
- Perspectiva Comportamental.
- Perspectiva Resultado.
- Perspectiva Complexidade.

## Conceito de Entrega

Quando identificamos no colaborador essas quatro perspectivas por meio da Avaliação de Desempenho, conseguimos identificar e mensurar qual foi a sua entrega à organização.

A entrega não é apenas uma das perspectivas, nem tão pouco o cumprimento de uma meta em específico. A entrega é o que o colaborador deixa para a organização, quais os valores que ele acrescenta ou como que ele contribui para o crescimento e para a realização da estratégia da organização.

Quando temos a entrega desejada mapeada em cada uma dessas perspectivas de forma clara, fica mais fácil para o colaborador empenhar-se para que o resultado seja o melhor possível, e, no caso dos profissionais diferenciados, saberemos no que ele se supera, possibilitando o estudo de casos para buscar multiplicar seu exemplo.

No modelo de Avaliação de Desempenho com Foco em Competências proposto, a entrega do colaborador será expressa pela consolidação estratégica de cada uma das perspectivas, que irá gerar como resultado o **Coeficiente de Desempenho do Colaborador**, que iremos chamar pelas suas iniciais de *CDC*.

A estratégia e a consolidação desse Coeficiente de Desempenho serão apresentadas no Capítulo 6. A utilização do coeficiente como Ferramenta de Desenvolvimento será apresentada no Capítulo 8 e a sua aplicação na Remuneração com Foco em Competências, no Capítulo 9.

Certamente você notou que nomeei as quatro perspectivas acima como sendo as perspectivas básicas e deve estar querendo saber o porquê. O motivo é simples. Cada empresa tem uma estratégia e está inserida em um contexto de mercado, que é o seu negócio, e dependendo da estratégia e desse contexto, outras perspectivas podem ser necessárias.

O objetivo é apresentar ao leitor uma fórmula para fazer a Avaliação de Desempenho dos colaboradores, mas jamais impor algo único e imutável, pois a fórmula depende de cada empresa.

Por outro lado, trabalhando-se com perspectivas, a fórmula fica modular, podendo ser adaptada à cada organização de acordo com novas perspectivas a serem criadas, em coerência com a estratégia e com o foco da empresa.

Para exemplificar essa aplicação, o Capítulo 5 apresentará dois exemplos dessas perspectivas, que podem ser agregadas ao processo de Avaliação de Desempenho com Foco em Competências, e, após a compreensão do cálculo do Coeficiente de Desempenho, o Capítulo 7 apresentará uma nova perspectiva que auxiliará na composição final do Coeficiente de Desempenho.

O capítulo a seguir apresentará o estudo de cada uma das perspectivas básicas apresentadas acima.

## CAPÍTULO 4

# Estudo Prático das Perspectivas da Avaliação de Desempenho

Vamos iniciar o estudo de cada uma das perspectivas da avaliação de desempenho, mas não apenas na teoria, vamos ver a parte prática.

Para cada uma das perspectivas, existe uma regra básica: Mapear e Avaliar. Ao executar a avaliação de cada uma das perspectivas, algumas ações devem ser tomadas. Essas ações se resumem em outra regra básica, também de dois itens: dar *feedback* e montar um Plano de Ação para promover o desenvolvimento do colaborador nas deficiências identificadas pela avaliação.

O estudo desse livro não tem como objetivo explorar as ações do *feedback* e do plano de ação para cada uma das avaliações das perspectivas, mas sim de apresentar a construção da ferramenta.

Mas lembre-se sempre desse quarteto para o desenvolvimento de pessoas:

Mapear     Avaliar     *Feedback*     Plano de Ação

Como o processo do desenvolvimento é cíclico, após a implementação do Plano de Ação, é preciso retornar para a avaliação, *feedback* e novamente para o Plano de Ação. E assim sucessivamente. Somente voltaremos ao mapeamento no momento em que mudar a estratégia da empresa.

## Consideração Importante Sobre os Estudos das Perspectivas

É importante salientar que, nos estudos de cada uma das perspectivas, serão apresentadas as técnicas que eu utilizo tanto nas consultorias que faço, nos treinamentos que aplico, quanto nos recursos dos softwares que desenvolvo.

*A utilização de outras metodologias de avaliação para as perspectivas, desde que mensuráveis de alguma forma, não invalida em hipótese alguma o método proposto da Avaliação de Desempenho com Foco em Competências, objeto principal desse livro.*

Portanto, se sua empresa já possuir uma metodologia e um método de avaliação da perspectiva proposta, concentre seu estudo no subtítulo no final do estudo de cada perspectiva, chamado "*Cálculo do Percentual de Desempenho da Perspectiva*".

## O Resultado de Cada Perspectiva na Composição do Coeficiente de Desempenho do Colaborador

O Coeficiente de Desempenho do Colaborador será a composição do resultado final de cada perspectiva. Como cada perspectiva trata de assuntos diferentes, a forma de compor o resultado é por meio da geração de um número expresso em percentual.

É necessário reforçar que, olhando a perspectiva individualmente, o percentual que iremos calcular não possui significado estratégico, pois, no escopo da perspectiva, o que importa é identificar com precisão as necessidades de treinamento.

Na perspectiva técnica, por exemplo, dizer que o colaborador está a 70% da necessidade de sua função não significa muita coisa ao pensar no desenvolvimento, pois esse número não expressa quais são as necessidades.

Enquanto no desenvolvimento é necessário saber que o colaborador precisa desenvolver a competência técnica X e Y, para a Avaliação de Desempenho, o que importa é o resultado em percentual.

É esse número expresso em percentual que será calculado ao final do estudo de cada uma das perspectivas, com o subtítulo "*Cálculo do Percentual de Desempenho da Perspectiva*".

## A Perspectiva Técnica

Essa perspectiva trabalha as Competências Técnicas necessárias para a função e nos permite saber se os colaboradores possuem ou não essas Competências.

Lembrando o conceito do *CHA* para definir Competência, apresentado no Capítulo 1, fizemos uma separação entre Competência Técnica e Competência Comportamental.

Fizemos uma separação didática do CHA. Nela, conceituamos que o C do Conhecimento, que é o "Saber", e o H da Habilidade, que é o "Saber Fazer", expressam as Competências Técnicas, o CH; enquanto o A de Atitude, que representa o "Querer Fazer" expressa as Competências Comportamentais.

Vamos nos concentrar nas Competências Técnicas, ou seja, no CH do *CHA*.

É possível, sim, avaliar se um colaborador tem o Conhecimento e também se ele tem Habilidade sobre uma determinada Competência Técnica.

Por exemplo, o recurso de Mala Direta do Word é uma competência técnica e poderíamos fazer uma prova escrita solicitando que o avaliado explique como funciona esse recurso.

Depois disso, poderíamos aplicar um teste prático para constatar se o colaborador sabe utilizar esse recurso na prática.

Fazendo isso, teríamos as avaliações do Conhecimento e da Habilidade distintas. Muito simples em teoria, porém impraticável no cotidiano das empresas, pois as organizações não dispõem do tempo necessário, ainda mais para avaliar tudo o que é competência técnica dentro de uma empresa.

Salvo alguns processos de chão de fábrica, por exemplo, nos quais exista uma exigência e um processo natural dessas avaliações distintas, as avaliações do C e do H acontecem simultaneamente na prática das empresas.

Isso não é algo ruim, mas algo que a demanda exige que seja feito dessa forma. É simples constatar esse fato se refletirmos quais as competências técnicas de área administrativa de uma empresa. E de uma empresa de tecnologia, então, a infinidade de softwares e ferramentas muda diariamente. Levaríamos uma vida para avaliar as competências técnicas e jamais seria possível concluir o trabalho. Portanto, essa é a justificativa da união do CH.

## O Que É e Como Identificar as Competências Técnicas de uma Função de Forma Prática

A forma mais simples de explicar é: são todas as palavras-chave que são procuradas nos currículos dos candidatos quando for aberta uma vaga da função em questão.

Por exemplo, inglês, ISO 9000, QS 14000, Word, Solda Mig, desenho técnico, etc. Tudo isso são competências técnicas, pois são os conhecimentos e habilidades que o colaborador precisa ter para desempenhar sua função.

## Como Mapear Competência Técnica

- Leitura das descrições da função atualizadas.

- Entrevista com o superior imediato da função e com colaboradores que executam a função.

- Formulários para coleta de dados.

O meio mais convencional é a leitura das descrições atualizadas da função. A entrevista é menos utilizada por conta do custo do processo, porém pode ser utilizada para algumas funções estratégicas dentro da organização, ou mesmo para apurar questões que não ficarem claras pelos outros métodos.

Os formulários para a coleta de dados são uma alternativa se a empresa não tiver a descrição das funções atualizadas e poderão ser aproveitados para atualizar essas descrições.

## Passo a Passo de um Processo de Mapeamento de Competências Técnicas

Vou utilizar uma função operacional para facilitar o aprendizado, considerando também o método da leitura das descrições atualizadas. O método utilizado pode servir para qualquer função.

1. Defina uma tabela de mensuração para as competências técnicas. Essa tabela deverá ser a mesma para todas as funções e para a avaliação das competências técnicas dos colaboradores. Sugestão:

| | |
|---|---|
| 0 | Não tem Conhecimento |
| 1 | Tem Conhecimento |
| 2 | Tem Conhecimento e Habilidade em Nível Básico |
| 3 | Tem Conhecimento e Habilidade em Nível Intermediário |
| 4 | Tem Conhecimento e Habilidade em Nível Avançado |
| 5 | É Multiplicador |

## Explicação dos Níveis da Escala Técnica Sugerida

### 0  Não tem Conhecimento

Esse nível não é utilizado para a função, somente para o colaborador, e indica que ele não possui a competência solicitada sequer em nível de conhecimento. Ele não é utilizado pela função, pois, se a função não precisa de uma determinada competência técnica, ela não será listada. Não é necessário colocar na função todas as competências técnicas da organização e classificá-las com nível 0.

### 1  Tem Conhecimento

Esse caso ocorre quando a função precisa que o colaborador tenha, no mínimo, o conhecimento sobre uma competência técnica, sem exigir dele a habilidade. Parece estranho, mas na realidade é algo muito comum para casos de colaboradores que fizeram carreira saindo de uma função operacional e passaram para uma função gerencial. Nesse caso, por exemplo, o colaborador precisa conhecer os processos ou a operação de uma máquina; um dia, ele era nível 2, 3, 4, ou mesmo 5, nesta competência, e, ao assumir uma função gerencial, ele não tem mais a prática para operar a máquina ou executar o processo, porém ele ainda possui o conhecimento sobre o mesmo.

**2  Tem Conhecimento e Habilidade em Nível Básico**

**3  Tem Conhecimento e Habilidade em Nível Intermediário**

**4  Tem Conhecimento e Habilidade em Nível Avançado**

Considero as descrições dos níveis 2, 3 e 4 auto-explicativas. Note que elas trazem o conceito da competência técnica, o CH do *CHA*.

Para facilitar a compreensão das pessoas ou evitar que elas confundam o termo "Habilidade", uma solução é substituir pelo termo "Prática".

**5  É Multiplicador**

Indica a necessidade de ser um agente multiplicador da competência técnica referida. De forma oposta ao nível 0, esse nível é mais utilizado para se referir ao nível do colaborar, e não da função. Em outras palavras, o nível da função geralmente vai até 4, salvo casos onde é fundamental que o colaborador que exerce a função precise ser um multiplicador da competência técnica em questão.

2. Partindo da leitura da descrição da função, segundo sua percepção e de acordo com as orientações acima, identifique as competências técnicas necessárias para a função e coloque-as em uma lista. Veja um exemplo:

| |
|---|
| **Função**: Soldador de Produção |
| **Competências Técnicas Identificadas** |
| SOLDA MIG |
| SOLDA TIG |
| SOLDA ELETRODO |
| DESENHO TÉCNICO |
| PONTE ROLANTE |
| SÍMBOLOS DE SOLDA |

3. Entregue a lista para o superior imediato da função, junto à descrição da função, e peça para que ele primeiramente faça a leitura e verifique se a interpretação das competências técnicas apresentadas na lista está correta ou se é preciso excluir, alterar ou acrescentar alguma.

    A entrega da lista das competências junto à descrição da função serve para que o superior que executar esse processo tenha uma referência em mãos, além de ser uma excelente oportunidade para que seja revista a descrição da função pelo superior.

    Peça também que ele classifique cada competência técnica de acordo com a tabela que ficou determinada no Passo 1 para a mensuração do nível de competência do colaborador.

    Ao receber a lista de volta com os respectivos níveis, você terá em mãos as competências técnicas necessárias para a função e seu respectivo nível, que chamarei de **NCTF** – Nível de Competência Técnica da Função.

4. O próximo passo é a Avaliação das Competências Técnicas dos colaboradores. Para isso, gere uma lista com as competências mapeadas para a função para cada colaborador e entregue para o avaliador. Veja o exemplo dessa lista:

*Avaliado:* **José Ribeiro**

*Função:* **Soldador de produção**

*Avaliador:* **Carlos Nunes**

Para cada item em destaque, classifique o nível de conhecimento e prática do avaliado

| | Não tem Conhecimento | Tem Conhecimento | Tem Conhecimento e Prática Básico | Tem Conhecimento e Prática Intermediário | Tem Conhecimento e Prática Avançado | É Multiplicador |
|---|---|---|---|---|---|---|
| Solda Mig | | | | | | |
| Solda Tig | | | | | | |
| Solda Eletrodo | | | | | | |
| Desenho Técnico | | | | | | |
| Fonte Rolante | | | | | | |
| Símbolos de Solda | | | | | | |

É possível utilizar mais de um avaliador para o mesmo avaliado, por exemplo, o superior imediato da função e o próprio avaliado, executando, assim, sua auto-avaliação.

Esse procedimento é sadio para a transparência e redução da subjetividade do processo de avaliação, porém, podem ocorrer eventuais divergências de avaliação em alguma competência técnica. Nesse caso, é preciso definir um critério sobre qual nível deve ser creditado ao colaborador, por exemplo, o do superior. O ideal é levar o item para uma avaliação conjunta, ou seja, juntos, avaliado e avaliador, entram em um consenso sobre nível a ser creditado ao colaborador.

Ao nível de competência técnica creditado ao colaborado irei chamar de **NCTC**, Nível de Competência Técnica do Colaborador.

5. Ao colocar lado a lado o NCTF e NCTC, é possível visualizar as necessidades de treinamento, *gap* do colaborador (termo inglês que significa espaço ou lacuna) e ter argumentos para o *feedback* e plano de ação. Veja um exemplo dessa comparação.

Avaliado: **José Ribeiro**

Função: **Soldador de produção**

|  | NCTF | NCTC |  |
| --- | --- | --- | --- |
| Solda Mig | 4 | 5 |  |
| Solda Tig | 4 | 5 |  |
| Solda Eletrodo | 3 | 2 |  |
| Desenho Técnico | 2 | 5 |  |
| Ponte Rolante | 3 | 4 |  |
| Símbolos de Solda | 4 | 4 | — |

*Legenda:*
0 – Não tem Conhecimento.
1 – Tem Conhecimento.
2 – Tem Conhecimento e Prática Básico.
3 – Tem Conhecimento e Prática Intermediário.
4 – Tem Conhecimento e Prática Avançado.
5 – É Multiplicador.

## Cálculo do Percentual de Desempenho da Perspectiva Técnica

Para cada competência técnica, deve ser analisado em percentual o desempenho do colaborador, efetuando-se o cálculo da seguinte forma:

1. Para cada competência, divida o NCTC pelo NCTF da respectiva competência.
2. Multiplique o resultado obtido por 100 e registre na coluna Desempenho.
3. Faça a somatória dos desempenhos de todas as competências.
4. Divida o total encontrado pela quantidade de competências.
5. O valor encontrado será o **Percentual de Desempenho do Colaborador na Perspectiva Técnica**. É este o percentual que irá compor o Coeficiente de Desempenho do Colaborador.

Vejamos o exemplo:

| Competência Técnica | NCTF | NCTC | Desempenho |
|---|---|---|---|
| Solda Mig | 4 | 5 | 125% |
| Solda Tig | 4 | 5 | 125% |
| Solda Eletrodo | 3 | 2 | 66% |
| Desenho Técnico | 2 | 5 | 250% |
| Ponte Rolante | 3 | 4 | 133% |
| Símbolos de Solda | 4 | 4 | 100% |
| | | Total | 799 |
| | | Desempenho na Perspectiva | 133% |

*Legenda:*
NCTC – Nível de Competência Técnica do Colaborador.
NCTF – Nível de Competência Técnica da Função.

O desempenho desse colaborador nessa perspectiva é de 133%. Esse resultado nos remete a uma reflexão que será utilizada também nas demais perspectivas.

É indiscutível que o número a ser levado para o desempenho desse colaborador nessa perspectiva é 133%, mas como mencionado no início desse capítulo, esse número não serve para o desenvolvimento.

Numericamente, poderíamos dizer que ele está acima do que a função precisa, afinal, o máximo é 100% e eles está em 133%, porém isso não é verdade para o desenvolvimento, pois ele possui um *gap* (uma necessidade de treinamento) na competência Solda Eletrodo, na qual está apenas com 66%.

## A Perspectiva Comportamental

Devo confessar que mapear e mensurar essa perspectiva é a minha atividade preferida e com a qual hoje eu me identifico mais. Isso porque esse foi um grande desafio que venci ao criar a Metodologia do Inventário Comportamental para Mapeamento de Competências, que, de uma forma extremamente simples, permite que sejam identificadas as Competências da Organização, as Competências de cada Função e ainda permite a mensuração das Competências dos Colaboradores.

O interessante do Inventário Comportamental é que ele utiliza uma escala de mensuração de competências comportamentais lógica e ainda comprovada matematicamente, eliminando a subjetividade do processo tradicional de mapeamento de competências. E, até então, é a única metodologia comprovada matematicamente disponível em literatura, justificando de forma clara, por exemplo, porque em uma função o nível de uma determinada competência deve ser 2 e não 2,5.

Além disso, o diagnóstico que ela dá ao gestor é muito preciso, pois retrata o comportamento que o colaborador precisa desenvolver, dentre os vários de uma competência.

E o mais gratificante são os *feedbacks* e os resultados das empresas que estão utilizando essa metodologia, vindos de clientes das minhas empresas, dos leitores do meu primeiro livro e dos participantes dos treinamentos que ministro sobre a metodologia.

O meu desafio aqui será apresentar um resumo dela, pois o foco desse livro é a Avaliação de Desempenho por Competências.

Embora eu me esforce em passar o conceito principal da metodologia, muitos detalhes não serão contemplados, pois foi necessário um livro de cerca de 170 páginas para apresentar todas as estratégias do Inventário Comportamental. Só me resta deixar o convite: se após a leitura deste resumo for despertado o interesse pelo método ou o desejo de se aprofundar no tema, opte por conhecer o meu livro *"Aplicação Prática de Gestão de Pessoas por Competências"*, publicado por esta mesma editora.

## Metodologia do Inventário Comportamental para Mapeamento de Competências

O Inventário Comportamental para Mapeamento de Competências é uma metodologia que permite a implantação do processo de Gestão de Pessoas com Foco em Competências, englobando:

- Mapeamento das Competências Comportamentais da Organização.
- Mapeamento das Competências Comportamentais de cada Função.
- Avaliação de Competências Comportamentais.
- Plano de Desenvolvimento Profissional e Pessoal dos Colaboradores.

## Características do Inventário Comportamental

- *É baseado no conceito de Indicadores de Competências*, o que não requer que os colaboradores tenham conhecimentos teóricos sobre competências.

- *Utiliza os Recursos da Própria Empresa*, pois a implantação pode ser realizada pelo próprio RH das empresas e o levantamento dos indicadores é realizado diretamente com os colaboradores, o que valoriza o papel de cada um na organização e caracteriza o processo por um método Construtivo e Participativo.

- *Comprovado Matematicamente*: O *Inventário Comportamental* possui respaldo matemático para cálculo do NFC – Nível de Competências do Colaborador – eliminando a subjetividade do processo tradicional de mapeamento de competências. De acordo com pesquisas na literatura, o *Inventário Comportamental* é a única metodologia comprovada matematicamente.

- Redução do tempo de Mapeamento e Avaliação das Competências Comportamentais, o que significa redução de custos no processo de mapeamento, permitindo que sejam transferidos os recursos de investimentos do mapeamento e avaliação para o treinamento e desenvolvimento dos colaboradores.

- Aumento da assertividade, pois trabalha com indicadores construídos pela própria organização.

- Avaliações com Foco em Competências Comportamentais construídas de forma precisa e objetiva, aumentando a eficiência do processo.

- Implantação rápida, simples e em linguagem acessível, para que todos da organização entendam.

- Identificação das questões para aplicar a Avaliação com Foco em Competências.

- Base consistente para desenvolver os colaboradores de forma objetiva e precisa.

- Base para elaborar a Entrevista Comportamental para Seleção por Competências.

- Aplicável em empresas de qualquer porte, segmento ou número de colaboradores.

## A Metodologia

A metodologia tradicional de mapeamento de competências gera, logo no início, uma grande dificuldade para os colaboradores, pois ela exige que eles falem sobre competências como flexibilidade, criatividade, foco em resultado, visão sistêmica etc.

Essa não é a linguagem do dia-a-dia da organização e oferece uma grande dificuldade para a compreensão e implantação da Gestão por Competências.

A proposta do Inventário Comportamental é trabalhar com os Indicadores de Competências Comportamentais, que são os comportamentos que podem ser observados.

As pessoas apresentam a todo momento indicadores de competências comportamentais por meio de seus comportamentos diários. É fato também que nem sempre esses comportamentos são adequados, sendo que alguns precisam ser melhorados, outros desenvolvidos.

O papel do Inventário Comportamental é identificar quais são esses comportamentos, os bons, os ruins e os que precisam ser "implantados/desenvolvidos" nos colaboradores.

O desafio é falar em competências sem usar a linguagem das competências e, principalmente, extrair dos colaborares esses indicadores. Eles sabem a resposta precisa pois, melhor do que ninguém, eles vivem a realidade da empresa diariamente.

E o que pode ser mais real e consistente do que um comportamento que pode ser observado para definir um Indicador de Competência Comportamental?

Assim, o Inventário Comportamental traz a definição de que "*O Comportamento é o Indicador de Competência Comportamental*".

Definição do Inventário Comportamental:

> *O Inventário Comportamental para Mapeamento de Competências é uma Lista de <u>Indicadores de Competências</u> que traduz a conduta do Comportamento Ideal desejado e necessário para que a Organização possa agir alinhada à Missão, Visão, Valores e à Estratégia da Organização.*

## A Construção do Inventário Comportamental

Partindo do princípio de que todo o processo de sensibilização da organização para a implantação de Gestão por Competências tenha sido executado, inicia-se a etapa da Coleta dos Indicadores.

Ela acontece quando escolhemos amostras de colaboradores de todas as funções da organização, desde a mais simples até o Diretor ou Presidente.

Por exemplo, se uma função possuir 30 colaboradores, escolha de 6 a 8 colaboradores. Caso haja uma função exercida por 2 ou 3 colaboradores, podem ser escolhidos todos eles.

Não existe um percentual exato para se escolher, apenas saiba que quanto maior o número de colaboradores na mesma função, percentualmente esse número é menor. O importante é ter "colaboradores-representantes" de cada uma das funções da organização.

Esses colaboradores serão colocados em uma sala (pode haver diversas turmas, de acordo com a capacidade da sala) e, após sensibilização e explicação dos motivos pelos quais eles estão participando da coleta, será aplicada uma atividade chamada "Gosto/Não Gosto/O Ideal Seria."

Para cada colaborador presente, será entregue uma folha com três colunas. As colunas terão os títulos "Gosto", "Não Gosto" e "O Ideal Seria", respectivamente.

Os colaboradores serão orientados a pensarem em cada pessoa com as quais ele se relaciona na organização: subordinados, superiores ou pares, clientes ou fornecedores internos. Ao pensar na primeira pessoa, o colaborador deve anotar na coluna "Gosto" os comportamentos dessa pessoa que são admirados por ele e que contribuem para a organização.

Sobre essa mesma pessoa, porém na coluna "Não Gosto", devem ser registrados os comportamentos que o colaborador julga que não sejam adequados, e, na última coluna, "O Ideal Seria", os comportamentos que precisam ser "desenvolvidos" nesse colaborador para que a organização atinja o MVVE – Missão, Visão, Valores e Estratégia da Empresa.

## Orientações para a Aplicação do "Gosto/Não Gosto/O Ideal Seria"

- Sensibilizar e destacar MVVE.
- Não há limites de comportamentos a serem registrados.
- Cada colaborador recebe uma única folha de coleta.
- A reflexão deve ser feita sobre todas as pessoas com as quais o colaborador se relaciona, registrando todas as frases na mesma folha.
- Não identificar quem está respondendo e de quem é o comportamento.
- Não é necessário escrever novamente um comportamento caso já esteja relacionado.

A contribuição dos colaboradores termina aqui. Tem-se então diversas folhas com todos os indicadores de comportamento que a organização precisa segundo a visão da própria organização, desde a função mais simples até a visão de futuro, representada nos indicadores gerados pelos gerentes, diretores e presidentes.

Tem-se os indicadores bons (coluna "Gosto"), os ruins (coluna "Não Gosto") e os que precisam ser "implantados/desenvolvidos" (coluna "O Ideal Seria"). Por exemplo:

| Gosto | Não Gosto | O Ideal Seria |
|---|---|---|
| Soluciona de forma rápida os problemas do cliente. | Não é cortês com os colegas de trabalho. | Fosse objetivo ao expor suas idéias. |
| Traz soluções criativas para os problemas que parecem difíceis de se resolver. | Não sabe ouvir os *feedbacks*. | Confraternizasse os resultados obtidos. |
| .... | ... | ... |

O próximo passo é consolidar esses indicadores, transformando-os:

- No infinitivo.
- No sentido ideal para a organização.
- De forma afirmativa.
- Eliminando os duplicados ou de mesmo sentido.

Assim, de acordo com o exemplo acima, temos os seguintes indicadores consolidados:

- Solucionar de forma rápida os problemas do cliente.
- Trazer soluções criativas para os problemas que parecem difíceis de resolver.
- Ser cortês com os colegas de trabalho.
- Saber ouvir os *feedbacks*.
- Ser objetivo ao expor suas idéias.
- Confraternizar os resultados obtidos.

Esses são os indicadores que a organização precisa e que deve buscar em seus colaboradores. Agora, utilizando uma lista de competências disponível na literatura, como, por exemplo, as registradas nos livros de Maria Odete Rabaglio ou Maria Rita Gramigna, basta associar cada indicador a uma competência. No exemplo, teríamos:

| Indicador de Comportamento Apurado | Competência Associada |
|---|---|
| Solucionar de forma rápida os problemas do cliente | Foco no Cliente |
| Trazer soluções criativas para os problemas que parecem difíceis de resolver | Criatividade |
| Ser cortês com os colegas de trabalho | Relacionamento Interpessoal |
| Saber ouvir os *feedbacks* | Relacionamento Interpessoal |
| Ser objetivo ao expor suas idéias | Comunicação |
| Confraternizar os resultados obtidos | Liderança |

...e assim para cada indicador apurado.

O resultado dessa apuração é uma lista de competências, cada uma com uma quantidade diferente de indicadores, por exemplo:

| Competência | Total de Indicadores Apurados |
|---|---|
| Liderança | 8 |
| Foco em Resultados | 12 |
| Criatividade | 7 |
| Foco no Cliente | 4 |
| Pró-Atividade | 9 |
| Empreendedorismo | 4 |
| Organização | 5 |
| Comunicação | 8 |

## Competências Organizacionais

As competências encontradas a partir da consolidação do "Gosto/Não Gosto/O Ideal Seria" são as **Competências Organizacionais** da empresa, que foram visualizadas naturalmente, diferentemente da metodologia tradicional, que tem uma linha de dedução e ainda é subjetiva.

## Início do Processo Matemático

Como cada competência possui uma quantidade de indicadores, o peso de cada indicador pode ser calculado de acordo com a fórmula:

$$\text{Peso Indicador} = \frac{\text{Nível Máximo da Escala}}{\text{Quantidade de Indicadores da Competência}}$$

Na qual o Nível Máximo da Escala é fixado de acordo com a escala utilizada. Por exemplo, em uma escala de 0 a 5, o Nível Máximo será sempre 5.

Assim, na Competência Liderança do exemplo acima, como ela possui 8 indicadores, cada indicador vale 0,625, enquanto na Organização, que tem 5 indicadores, cada um deles vale 1 ponto.

## Competências de Cada Função

O próximo passo é identificar o "quanto" dessas competências cada função precisa: as Competências da Função.

Para cada função, deve ser gerada uma lista com todos os indicadores apurados, sem mencionar as competências. Essa lista é entregue ao superior da função que, juntamente com um representante da função, irá determinar a necessidade desses comportamentos para ela, classificandos-os como: "Muito Forte", "Forte", "Normal" ou "Não se aplica". Veja o exemplo:

| Planilha de Mapeamento de Comportamentos | | | | |
|---|---|---|---|---|
| Função: | | | | |
| Comportamento | Muito Forte | Forte | Normal | Não se aplica |
| Criar estratégias que conquistem o cliente | X | | | |
| Trazer idéias para desenvolver os produtos já existentes | | | | X |
| Trazer soluções criativas para os problemas que parecem difíceis de resolver | | X | | |
| Apresentar alternativas para melhor aproveitar os recursos orçamentários | | | X | |
| ... | ... | ... | ... | ... |

Considerando que os comportamentos marcados como "Muito Forte" e "Forte" são os necessários para a função, para cada competência aplica-se a fórmula do **NCF – Nível de Competência para Função.**

$$\text{NCF} = \frac{\text{Nível Máximo da Escala}}{\text{Quantidade de Indicadores da Competência}} \times \begin{array}{c} \text{Qtde de Indicadores} \\ \text{Marcados como "Muito} \\ \text{Forte" ou "Forte"} \\ \text{para a função} \end{array}$$

Por exemplo, considerando-se a competência Liderança com 8 indicadores e que, para uma determinada função, 4 desses indicadores foram marcados como "Muito Forte" ou "Forte", aplicando-se a fórmula do NCF, temos:

$$\text{NCF} = \frac{5}{8} \times 4 = 2,5$$

Ou seja, a função em questão precisa de Liderança no nível 2,5.

O mais importante é saber o que esses 2,5 representam: *Os indicadores marcados como "Muito Forte" ou "Forte"*. São eles que devem ser avaliados nos colaboradores que desempenham essa função, bem como o programa de treinamento e desenvolvimento, para diminuir eventuais *gaps* apurados serão focados nesses indicadores, de forma precisa e objetiva, como uma operação cirúrgica.

## Competências de Cada Colaborador

Para determinar o **NCC – Nível de Competência do Colaborador,** aplica-se a Avaliação Comportamental com Foco em Competências, que pode ser a Auto-Avaliação, 90°, 180° ou 360°.

Novamente, o Inventário Comportamental é utilizado, pois basta transformar os indicadores apurados nas perguntas da avaliação, tabulando a resposta em uma escala na qual o avaliador analisa a freqüência com a qual o avaliado apresenta cada um dos comportamentos.

Veja o exemplo:

## Avaliação Comportamental

Avaliado:

Avaliador:

| | Todas as Vezes (100%) | Muitas Vezes (80%) | Com Freqüência (60%) | Poucas Vezes (40%) | Raramente (20%) | Nunca (0%) |
|---|---|---|---|---|---|---|
| Cria estratégias que conquistem o cliente? | | | | | | |
| Traz idéias para desenvolver os produtos já existentes? | | | | | | |
| Traz soluções criativas para os problemas que parecem difíceis de resolver? | | | | | | |
| Traz soluções quando faltam recursos para um projeto? | | | | | | |
| ... | ... | ... | ... | ... | ... | ... |

O cálculo do NCC deve ser feito para cada competência. O exemplo abaixo utiliza uma competência com 8 indicadores, sendo que os indicadores sinalizados com um asterisco são os indicadores necessários para a função que o suposto avaliado exerce, ou seja, que foram marcados como "Muito Forte" ou "Forte".

| Opções | Todas as Vezes | Muitas Vezes | Com Freqüência | Poucas Vezes | Raramente | Nunca |
|---|---|---|---|---|---|---|
| Pontos Equivalentes | 5 | 4 | 3 | 2 | 1 | 0 |
| Indicador 1 | X | | | | | |
| Indicador 2 | | X | | | | |
| Indicador 3 * | | X | | | | |
| Indicador 4 | | | X | | | |
| Indicador 5 * | | | | X | | |
| Indicador 6 * | | X | | | | |
| Indicador 7 | | | X | | | |
| Indicador 8 * | | | X | | | |

Considerando-se os indicadores 3, 5, 6 e 8 como necessários para a função, aplicando-se a fórmula do NCF, encontramos que essa função precisa de nível 2,5, conforme exemplo já apresentado.

O NCC tem duas variações e respectivas fórmulas, que são apresentadas seguidas de sua resolução, utilizando-se as respostas da tabela acima:

### NCCo = Nível de Competências do Colaborador em Relação à Organização

$$NCCo = \frac{\text{Soma dos pontos da Avaliação de todos os indicadores}}{\text{Quantidade de Indicadores da Competência}}$$

$$NCCo = \frac{28}{8}$$

**NCCo** = 3,5

## NCCf = Nível de Competências do Colaborador em relação à Função

$$\text{NCCf} = \frac{\text{Somados pontos da Avaliação somente dos indicadores necessário para a função}}{\text{Quantidade de Indicadores da Competência}}$$

$$\text{NCCf} = \frac{13}{8}$$

**NCCf** = 1,63 = valor arredondado

Portanto, temos:

NCF = 2,5
NCCo = 3,5
NCCf = 1,63
*Gap* em relação ao NCCf = 0,87

O NCCf demonstra um *gap* na função que o colaborador exerce, ou seja, se, comportamentalmente, ele atende às exigências da função.

O NCCo demonstra o nível de competência do colaborador em relação à organização; é tudo o que o colaborador tem daquela competência. Isso permite constatar se o colaborador é um talento ou, ainda, se ele pode ser aproveitado em outra função, pois muitas vezes encontramos o colaborador com um alto potencial em uma competência, porém com um *gap* dessa mesma competência em relação à função que exerce.

Mas, o mais importante não é dizer que o *gap* do colaborador é de 0,87, mas sim ter a identificação dos indicadores em que ele foi pior avaliado, e, sobre estes, traçar o plano de treinamento e desenvolvimento específico, o que irá reduzir seu *gap* e aumentar seu potencial, permitindo que a organização trabalhe com a visão de futuro da avaliação, que é desenvolver o colaborador.

Esse foi um resumo do que é o Inventário Comportamental para Mapeamento de Competências. Infelizmente, não há como apresentar aqui os relatórios, gráficos, análises e diversos detalhes estratégicos, como a técnica da importância do indicador.

Se você ainda não conhece os detalhes do Inventário Comportamental, reforço o convite feito anteriormente. Tenho certeza de que lhe será muito útil.

## Cálculo do Percentual de Desempenho da Perspectiva Comportamental

Assim como na perspectiva técnica, para cada competência comportamental deve ser analisado em percentual o desempenho do colaborador, efetuando-se o cálculo da seguinte forma:

1. Para cada competência, divida o NCCf pelo NCF da respectiva competência.
2. Multiplique o resultado obtido por 100 e registre-o na coluna Desempenho.
3. Faça a somatória dos desempenhos de todas as competências.
4. Divida o total encontrado pela quantidade de competências.
5. O valor encontrado será o **Percentual de Desempenho do Colaborador na Perspectiva Comportamental**. É esse o percentual que irá compor o Coeficiente de Desempenho do Colaborador.

| Competência Comportamental | NCF | NCCf | Desempenho |
|---|---|---|---|
| Criatividade | 3,5 | 2,5 | 71% |
| Flexibilidade | 4,0 | 2,5 | 62% |
| Foco em Resultados | 3,5 | 3,5 | 100% |
| Foco no Cliente | 5,0 | 4,5 | 90% |
| Iniciativa | 3,0 | 3,0 | 100% |
| Liderança | 2,0 | 2,0 | 100% |
| Comunicação | 4,5 | 3,5 | 77% |
| Planejamento | 2,5 | 2,5 | 100% |
| | | Total | 700 |
| | | Desempenho na Perspectiva | 87% |

*Legenda:*
NCCf – Nível de Competência do Colaborador em relação à função.
NCF – Nível de Competência da Função.

O desempenho deste colaborador nessa perspectiva é de 87%.

Certamente, se você utilizar a Metodologia do Inventário Comportamental, deve estar querendo saber porque o cálculo é feito com o NNCf e não o NCCo.

Diferentemente da Competência Técnica, o Inventário Comportamental propõe uma análise do nível de competência do colaborador em relação à função e em relação à organização.

O NCCf é o que o colaborador demonstra por meio de seus comportamentos em relação aos comportamentos necessários para a função, ou seja, em relação ao NCF.

O NCCo ajuda a visualizar quais os demais comportamentos que o colaborador possui, independentemente de a função que ele exerce precise ou não deles. Portanto, permite-nos essa visualização: saber se o colaborador tem potencial comportamental para exercer uma outra função ou desafio dentro da organização.

Claro que ter essa análise em termos técnicos é interessante, porém isso exigiria uma demanda de avaliação das competências técnicas que o colaborador possui e que não são necessárias para a função, o que é difícil de ser realizado pelo RH.

É fato que em algum momento irá aparecer essa necessidade de identificar alguma competência técnica no colaborador que não esteja mapeada, mas existe uma forma de resolver esse impasse.

A forma mais rápida, objetiva e prática de suprir essa necessidade é utilizar o princípio de um processo de seleção interna dos currículos dos colaboradores. Inclusive, esse currículo deve ser feito com um grande nível de detalhamento, mesmo que isso seja diferente das orientações tradicionais de elaboração de currículos, que dizem que ele deve ter no máximo duas folhas, que não é necessário detalhar todos os cursos etc. Aqui, ele precisa ser detalhado, pois o objetivo desse currículo não é o mercado externo, e sim o do recrutamento interno.

Tendo os currículos detalhados dos colaboradores e um sistema de gestão desses documentos, fica extremamente rápida a localização de uma competência técnica que possuam e que não esteja identificada ou avaliada; afinal, conforme a explicação apresentada no início do estudo da perspectiva técnica, uma competência técnica é uma palavra-chave dentro do currículo do candidato.

Assim, o trabalho se resume na identificação do nível da competência técnica que o colaborador possui, mas isso somente no momento em que for necessário.

Dessa forma, o processo de avaliação técnica é otimizado sem prejudicar a sua qualidade e a da avaliação de desempenho.

Retomando o exemplo do Coeficiente de Desempenho da Perspectiva Comportamental do Colaborador, note que, com a utilização do NCCf, o colaborador não estará acima do que a competência exige. No máximo, ele terá 100%, quando tiver todos os comportamentos que a função precisa totalmente desenvolvidos em relação à respectiva competência.

Os demais comportamentos que fazem parte do grupo da mesma competência serão utilizados para estudos de remanejamento de função e aproveitamento do potencial do colaborador em projetos especiais, mas não serão considerados na Avaliação de Desempenho, da mesma forma que as competências técnicas que o colaborador possui e que não são necessárias para a função não foram computadas.

## A Perspectiva Resultados

A Perspectiva Resultados traz os conceitos básicos da APO – Avaliação por Objetivos –, porém, a indicação fundamental de sua aplicação é que sua condução seja feita de forma humanizada, ou seja, que todas as metas sejam negociadas com o colaborador e/ou equipe e que não sejam assumidas metas inatingíveis.

De forma geral, as mesmas observações feitas no Capítulo 2 ao apresentarmos as "Regras Básicas para se Construir uma Avaliação Desempenho" devem ser aplicadas ao se definir e avaliar essa perspectiva. Por isso irei apenas relembrar os tópicos:

1. Não é possível implantar a Avaliação por Objetivos iniciando-se pela avaliação.

2. É necessário que haja um período razoável entre a implantação do processo da avaliação (o empenho) e o momento da avaliação.
3. É preciso deixar claro qual o resultado esperado e como acontecerá a avaliação.
4. O avaliador precisa estar preparado para avaliar.
5. É necessário apresentar o resultado ao avaliado.
6. Não assumir o que não é possível ser cumprido.

De forma geral, o que é avaliado nessa perspectiva são interesses estratégicos da organização, que são os objetivos.

Popularmente, costumamos chamar esses objetivos de "Metas a Serem Alcançadas", e o produto do esforço despendido é o Resultado da Meta.

Exemplo de metas são: valor de faturamento, venda de um determinado produto, quantidade de produção, aumento da participação no mercado (da empresa ou do produto), número de reclamações de clientes, quantidade de idéias apresentadas pelos colaboradores, absenteísmo, clientes conquistados, clientes reconquistados, enfim, qualquer objetivo da organização que possa ser mensurado.

## Conceitos Básicos Sobre as Metas

### 1. Conversão do Resultado em Percentual

Cada meta possui sua própria unidade de mensuração, por isso será necessário converter cada uma das metas em percentual, a exemplo do que foi feito com cada competência técnica e comportamental.

Por exemplo, uma meta de faturamento pode ser mensurada em reais, porém será necessário converter essa meta da seguinte forma:

Meta: R$ 300.000,00

Valor atingido: R$ 270.000,00

Resultado da Meta: 90%

Basta dividir o *"Valor Atingido"* pela *"Meta"* e multiplicar o resultado por 100, que encontraremos o *"Resultado da Meta"*.

## 2. Metas: Fator Positivo e Fator Negativo

Existem dois tipos de Metas:

- Fator Positivo.
- Fator Negativo.

Tenha como base o Absenteísmo, que indica a quantidade de ausência de colaboradores durante o expediente de trabalho. Se ela tiver sido estipulada em 2% e o nível ficar em 4%, significa algo ruim, daí a denominação Fator Negativo.

No entanto, se a meta de faturamento for estipulada em R$ 300.000 e ela for ultrapassada, isso é bom; logo, utiliza-se o termo Fator Positivo. Claro que isso em uma primeira análise, pois é necessário que outros fatores sejam analisados, por exemplo, não adianta eu ultrapassar a meta de vendas e não ter como entregar.

Isso significa que para as Metas Fator Positivo, o *"Resultado da Meta"* é a divisão do *"Valor Atingido"* pela *"Meta"*, com o resultado multiplicado por 100, como o exemplo anterior.

Já para as Metas Fator Negativo, a divisão é inversa, ou seja, o *"Resultado da Meta"* é a divisão da *"Meta"* pelo *"Valor Atingido"*, com o resultado multiplicado por 100. Veja os exemplos do cálculo do Resultado de uma Meta Fator Negativo:

Exemplo 1:

Meta: 2%

Valor atingido: 4%

Resultado da Meta: 50%

Exemplo 2:

Meta: 2%

Valor atingido: 2%

Resultado da Meta: 100%

Exemplo 3:

Meta: 2%

Valor atingido: 1%

Resultado da Meta: 200%

### 3. *O Nível Máximo de uma Meta*

Para cada meta, existe uma estratégia e uma forma de analisá-la de acordo com o nível máximo a ser determinado e independentemente de ser Fator Positivo ou Negativo.

Com base nos exemplos anteriores, pode ser determinado para uma meta um teto de 100%, ou permitir que não tenha esse teto, que seja livre.

Por exemplo, para a meta "Valor do Faturamento" pode ficar aberto um teto livre, que significa que o "Resultado da Meta" pode ficar superior a 100%, enquanto para a meta "Absenteísmo" pode ser determinado que o teto seja de 100%, mesmo que o Resultado seja melhor que o esperado.

O critério para isso faz parte da estratégia do negócio e precisa ser previamente acertado ao serem implantadas as metas. Em outras palavras, devem ser estipuladas as regras do jogo antes dele começar. É a história de saber o que está sendo empenhado.

### 4. *Metas Individuais e Metas Coletivas*

As metas podem ser Individuais ou Coletivas.

As individuais são aquelas cujo esforço para atingi-las depende exclusivamente do colaborador, como, por exemplo, o desenvolvimento de uma competência técnica ou comportamental acertada no Plano de Desenvolvimento Individual.

As Metas Coletivas podem ser de uma equipe, de uma função, de um departamento ou, ainda, da organização. Por exemplo, fazer com que a organização cresça 5% em um determinado período é uma meta organizacional que depende do esforço coletivo de toda a organização. Ela requer um monitoramento de diversas outras metas, mas é uma meta organizacional e, portanto, coletiva.

Já a meta "resolver o problema do cliente no primeiro atendimento" pode fazer parte de uma meta da área de Atendimento ao Consumidor, por exemplo.

Ao gerar o Percentual de Desempenho da Perspectiva Resultados, ambas as metas, individuais e coletivas, precisam estar computadas.

### 5. *A Importância de uma meta em relação à outra*

De acordo com a estratégia da empresa, importâncias ou pesos diferentes podem ser atribuídos às metas acordadas.

Por definição da empresa, a importância de uma meta pode variar de 1 a 3 ou de 1 a 5, por exemplo. Particularmente, eu prefiro a variação de 1 a 3.

Essa técnica é interessante, pois possibilita um destaque das metas determinantes para o sucesso do negócio. São as metas dos fatores críticos de sucesso. Porém ela deve ser utilizada com bom senso, pois de nada adianta colocar todas as metas com importância 3, que, matematicamente, significa o mesmo que se elas tivessem importância 1.

A técnica da importância altera o resultado do Percentual do Desempenho da Perspectiva. No final do estudo dessa perspectiva, ao apresentar o cálculo do Percentual do Desempenho da Perspectiva, iremos apresentar exemplos do seu impacto no cálculo.

## Como Definir Metas

Tenho uma forma de analisar fatos considerando que tudo na vida tem seus indicadores, assim como na saúde, na economia, nas competências comportamentais (que são os comportamentos observáveis) e assim por diante.

Para definir metas, portanto, é necessário buscar esses indicadores que sinalizarão o nível desejado do fato a que se refere. Da coleta desses indicadores, surgirão as metas desejadas, e esse processo deve acontecer segundo a perspectiva que está sendo trabalhada.

Tomando como exemplo a parte comportamental, o que deve ser trabalhado é o comportamento necessário para a função, assim como na perspectiva técnica é necessário o desenvolvimento do conhecimento e da habilidade que estiver abaixo do nível desejado.

Portanto, para definir metas na Perspectiva Resultado, devemos olhar para a Missão, Visão, Valores, e, principalmente, para o Plano Estratégico, e refletir qual deve ser a contribuição que a função deve dar para que a estratégia seja cumprida.

Essa análise deve ser feita também para o colaborador, para a área a que pertence, para a equipe que ele lidera ou da qual faz parte.

Não há uma fórmula mágica para encontrar essas metas, mas há indicadores por todas as partes, desde a descrição das funções – que geralmente contemplam alguns indicadores de desempenho – até os problemas que acontecem na organização.

Aliás, na análise dos problemas que ocorrem, encontramos muitas respostas se agirmos não apenas para resolver o problema, mas para que ele não volte a ocorrer.

Outra fonte de inspiração para auxiliar a visualização das metas é a Descrição de Função que alguns modelos contemplam, geralmente, no item "Desafios".

O grande segredo está em usar essas metas alinhadas ao objetivo maior da organização, expresso em sua Missão e Visão, e ao Planejamento Estratégico da Empresa.

Sem querer dizer o que é óbvio, mas é necessário que seja sempre lembrado:

- **Missão**: é uma frase não muito extensa que deve expressar com clareza *para que a empresa existe, o que ela faz* e *qual é o seu diferencial* como instituição.

- **Visão**: é uma frase não muito extensa que deve expressar com clareza *como a empresa estará em alguns anos, como será vista, que lugar estará ocupando no mercado*.

- **Valores**: é uma frase ou tópicos de qualidades que devem expressar *os princípios morais ou éticos que a empresa acredita e de que faz uso*.

- **Estratégia**: é o plano de ação empresarial que *determinará os caminhos ou servirá como uma bússola, para que a empresa cumpra sua Missão e atinja sua Visão*, sempre dentro dos seus Valores. É o Planejamento Estratégico.

É por isso que, ao implantar Gestão por Competências ou determinar as metas, é fundamental que a empresa tenha o MVVE (Missão, Visão, Valores, Estratégia) definido, afinal, qualquer ação tomada ou meta determinada que não esteja dentro da estratégia é uma ação que pode estar sendo tomada de forma errônea, apesar de um "suposto" acerto.

Uma vez encontradas as metas, é preciso criar seus parâmetros.

## Parâmetros Básicos da Meta

Os parâmetros de uma meta podem variar, mas estes são os básicos que, geralmente, toda meta possui. Para descontrair um pouco, irei ilustrar de uma forma mais simples, utilizando um exemplo não-empresarial, fazendo uma analogia a uma meta pessoal comum à vida de várias pessoas, inclusive à minha, que retrata uma luta com a balança.

### 1. Objeto ou Meta

É descrição da meta propriamente dita.

Exemplo: "Quero emagrecer". Mas dizendo somente isso a meta fica incompleta, então o correto seria "Quero emagrecer 10Kg".

## 2. Data Inicial e Data Limite

Toda meta deve ter data para iniciar e para terminar.

Não basta dizer "Quero emagrecer 10Kg"; preciso dizer que "vou iniciar hoje" (apesar do dia mundial do regime ser a segunda-feira, desde que não seja feriado). Por outro lado, é preciso dizer também até quando, caso contrário a meta fica sem sentido. Assim, "Quero emagrecer 10Kg em 12 meses, iniciando a partir de segunda-feira (é claro)".

É fundamental que o período seja compatível, pois não adianta eu querer emagrecer 10Kg em uma semana.

## 3. Estratégia

Para que uma meta seja alcançada, é preciso montar uma estratégia. Se quiser aumentar as vendas em 10%, teoricamente, preciso aumentar o número de telefonemas ou visitas a clientes de forma proporcional, caso contrário não atingirei o resultado.

No meu exemplo: "Vou praticar esportes duas vezes por semana."

É importante o planejamento, e devemos contar sempre com um Plano B, que, para o exemplo citado acima, pode ser: "iniciar uma reeducação alimentar".

## 4. Fornecedores e Estrutura

É preciso identificar os envolvidos para que eu possa atingir a meta de forma eficiente. Dependendo da meta, terei que envolver outras pessoas e contar com fornecedores internos e externos. Em resumo, é preciso planejar.

No meu exemplo: "Vou procurar uma academia para ter orientações sobre como fazer os exercícios corretamente, um médico para fazer uma avaliação médica e, ainda, procurar uma nutricionista para ter orientações sobre uma alimentação saudável".

### 5. Pontos de Checagem – Check Point

É preciso verificar a evolução da meta para tomar providências antes da data de limite. Vale ressaltar que existem metas que são mais difíceis de serem avaliadas ou mensuradas. Use os pontos de checagem para determinar a evolução da meta.

Por exemplo, o desenvolvimento de um software ou uma pesquisa. Se a meta for para um período de 12 meses, no terceiro mês, o projeto deve estar 15% construído; até o sexto mês, devem ser feitos os testes "x e y", e assim por diante.

Quando chegar a data de cada checagem, é possível ter uma visão da evolução em tempo de tomar ações que possam corrigir os problemas, para que o resultado não seja prejudicado.

No exemplo da vida, "até o sexto mês serei 7Kg mais leve e subirei na balança uma vez a cada 15 dias".

### 6. Limite da Meta

Esse parâmetro se refere ao Conceito Básico 3 sobre Metas, a partir do que é preciso estipular se será considerado ou não um resultado superior a 100%.

Citamos o exemplo da meta "Valor do Faturamento" em que seria aceitável um resultado acima de 100%, e do "Absenteísmo" em que, mesmo sendo melhor do que o desejado, o limite seria de 100%.

"Se eu emagrecer mais de 10Kg, o resultado será considerado, sem sombra de dúvidas."

### 7. Patrocinadores

O sentido dessa palavra não é financeiro, embora para algumas metas isso possa ocorrer. O sentido aqui é buscar o apoio necessário e envolver outras pessoas para que a meta seja atingida.

No meu exemplo, "contar com a ajuda da esposa para preparar "aquela comidinha" de acordo com as orientações da nutricionista; convidar alguns amigos para ir à academia".

## 8. *Orientador ou "Padrinho"*

É importante ter alguém com quem dividir os pensamentos, que possa auxiliar nas análises, motivar – pois certamente existirão problemas a serem resolvidos – e, principalmente, que ajude a cobrar o empenho.

O orientador ou "padrinho" deve ser "co-responsável" pela meta. Não que ele vá ser cobrado pela meta, mas deve ser cobrado no auxílio para que a meta seja atingida.

Novamente, no exemplo da vida, "o espelho é um bom padrinho; o orientador da academia e a minha esposa também, por incentivarem".

## 9. *Monitoramento e Histórico*

Toda meta precisa ser monitorada, não apenas nas datas dos pontos de checagem, mas constantemente. Tudo isso deve ser registrado em um acompanhamento detalhado para uma análise. Como já mencionado, conhecer o passado ajuda a construir o futuro, portanto, é fundamental ter a base histórica e saber recorrer a ela com inteligência, para atingir o resultado.

Na última associação ao exemplo da vida, "...naquele feriado em que fizemos um churrasco e eu exagerei... a balança me denunciou. Vou controlar-me no próximo feriado...".

Após isso, só resta uma coisa a fazer: "Buscar o resultado", pois, inspirado no título do livro do Norton e Kaplan, nada disso adianta se a Estratégia não for colocada em Ação.

# Cálculo do Percentual de Desempenho da Perspectiva Resultado

Exemplo 1:

| Descrição da Meta | Tipo | Meta | Valor Atingido | Resultado da Meta | Limitado | Desempenho da Meta | Peso | Pontos de Desempenho |
|---|---|---|---|---|---|---|---|---|
| A | Positiva | 300 mil | 270 mil | 90% | Não | 90% | 1 | 90 |
| B | Negativa | 2 % | 1 % | 200% | Sim | 100% | 1 | 100 |
| C | Positiva | 80% | 95% | 118% | Não | 118% | 1 | 118 |
| D | Negativa | 10% | 12% | 83% | Não | 83% | 1 | 83 |
| | | | | | | Total de Pontos de Desempenho | | 391 |
| | | | | | | Soma dos Pesos das Metas | | 4 |
| | | | | | | Desempenho na Perspectiva | | 97% |

Para o cálculo do Percentual de Desempenho da Perspectiva Resultado é necessário montar uma planilha como a apresentada na página anterior.

Detalhamento da Planilha:

| Coluna | Apresentação |
|---|---|
| Descrição da Meta | Contém as metas empenhadas com o colaborador, independentemente de elas serem individuais ou coletivas, pois o crédito da meta em percentual é o mesmo para todos os colaboradores que participaram da construção do resultado. |
| Tipo | Indica se a meta é Positiva ou Negativa. |
| Meta | O valor da meta estipulada de acordo com a sua respectiva unidade de mensuração. |
| Valor Atingido | O valor atingido da meta estipulada. |
| Resultado da Meta | O resultado da Meta calculado em percentual, de acordo com o Tipo da Meta Positiva ou Negativa. |
| Limitado | Indica se será considerado um Resultado da Meta acima de 100% ou não. Em caso negativo, o valor do desempenho fica no limite da meta. |
| Desempenho Meta | Resultado da Meta passado pelo filtro do Limite. |
| Peso | A importância da Meta. |
| Pontos de Desempenho | É o Desempenho da Meta (valor absoluto, sem considerar o percentual) multiplicado pelo Peso. |

A totalização do Cálculo do Percentual de Desempenho da Perspectiva, a partir deste ponto, segue os seguintes passos:

1. Faça a somatória da coluna Pontos de Desempenho.

2. Faça a soma dos Pesos da Meta.

3. Divida o total de Pontos de Desempenho (passo 1) pela soma dos Pesos das Metas (passo 2).

4. O valor encontrado será o **Percentual de Desempenho do Colaborador na Perspectiva Resultado**, considerando-se a importância ou peso da meta. É esse o percentual que irá compor o Coeficiente de Desempenho do Colaborador.

Agora, vamos estudar mais dois exemplos, idênticos ao anterior, apenas alterando o peso da meta para analisar o impacto no resultado do Percentual de Desempenho da Perspectiva.

Exemplo 2:

| Descrição da Meta | Tipo | Meta | Valor Atingido | Resultado da Meta | Limitado | Desempenho da Meta | Peso | Pontos de Desempenho |
|---|---|---|---|---|---|---|---|---|
| A | Positiva | 300 mil | 270 mil | 90% | Não | 90% | 2 | 180 |
| B | Negativa | 2 % | 1 % | 200% | Sim | 100% | 1 | 100 |
| C | Positiva | 80% | 95% | 118% | Não | 118% | 1 | 118 |
| D | Negativa | 10% | 12% | 83% | Não | 83% | 3 | 249 |
| | | | | | | Total de Pontos de Desempenho | | 647 |
| | | | | | | Soma dos Pesos das Metas | | 7 |
| | | | | | | Desempenho na Perspectiva | | 92% |

Exemplo 3:

| Descrição da Meta | Tipo | Meta | Valor Atingido | Resultado da Meta | Limitado | Desempenho da Meta | Peso | Pontos de Desempenho |
|---|---|---|---|---|---|---|---|---|
| A | Positiva | 300 mil | 270 mil | 90% | Não | 90% | 1 | 90 |
| B | Negativa | 2 % | 1 % | 200% | Sim | 100% | 2 | 200 |
| C | Positiva | 80% | 95% | 118% | Não | 118% | 3 | 354 |
| D | Negativa | 10% | 12% | 83% | Não | 83% | 1 | 83 |
| | | | | | | Total de Pontos de Desempenho | | 727 |
| | | | | | | Soma dos Pesos das Metas | | 7 |
| | | | | | | Desempenho na Perspectiva | | 103% |

Comparação dos exemplos:

|   | Meta → Desempenho da Meta → | Importância ou Peso | | | | Desempenho na Perspectiva |
|---|---|---|---|---|---|---|
|   |   | A 90% | B 100% | C 118% | D 83% |   |
| E x e m p l o | 1 | 1 | 1 | 1 | 1 | 97% |
| | 2 | 2 | 1 | 1 | 3 | 92% |
| | 3 | 1 | 2 | 3 | 1 | 103% |

Colocando-se os resultados lado a lado, fica fácil visualizar o impacto da utilização da Técnica da Importância ou Peso da Meta no resultado do Percentual de Desempenho da Perspectiva, afinal, a variação para os mesmos Desempenhos na Meta é de 92% a 103%.

A comparação entre os Exemplos 1 e 2 é simples de ser compreendida, uma vez que o Exemplo 2 teve uma importância maior justamente nas metas A e D, nas quais o desempenho não chegou a 100%.

Já o resultado do Exemplo 3 chama a atenção, pois foi superior a 100%, mesmo com as metas A e D abaixo dessa marca. O motivo é a compensação ocorrida pelo resultado da perspectiva C, que permitiu um resultado acima de 100%, pois, em sua parametrização, ela não estava limitada.

Somada a essa característica, a importância ou peso dessa mesma perspectiva tinha valor 3, o que amplificou o excelente resultado que já havia ultrapassado a meta.

Por outro lado, se, por acaso, o resultado da meta C fosse inferior ao da meta estipulada, por ela ter importância ou peso 3, o resultado do percentual de desempenho dessa perspectiva seria bem menor, pois, da mesma forma que a técnica do peso ou importância amplifica o resultado superado, ela também amplifica a "dívida" do resultado empenhado e não-desempenhado.

## A Perspectiva Complexidade

Essa perspectiva tem o objetivo de mensurar como o colaborador desempenha sua função em relação à complexidade que ela exige.

A complexidade de uma função pode ser identificada na Descrição da Função, no item "Atribuições e Responsabilidades". Porém, a forma como ela é feita tradicionalmente, provavelmente, não atende ao nível estratégico necessário para se obter um resultado coerente com a importância dessa perspectiva.

Se, após a leitura das recomendações, a sua descrição atender a essas expectativas ou superá-las, ótimo; caso contrário, será preciso construir essas informações para encontrar o Percentual de Desempenho da Perspectiva Complexidade.

Normalmente, as descrições das funções possuem um título parecido com "Responsabilidades", "Atribuições", "Tarefas" ou "Atividades". Algumas possuem, além da "Descrição das Tarefas", o tópico "Atribuições e Responsabilidades". Estas descrições que possuem esses dois itens provavelmente estão mais próximas de atender às necessidades da Perspectiva Complexidade.

"Tarefa ou Atividade" não indica a amplitude da responsabilidade da função. Elas indicam a rotina diária, semanal, mensal, anual ou eventual da realização de uma atividade.

Enquanto isso, as "Atribuições e Responsabilidades" indicam o grau de conseqüência da realização de suas tarefas ou atividades.

A diferença básica é essa. É preciso separar o que é rotina do que é responsabilidade, pois uma rotina pode ser difícil de ser executada, mas, não necessariamente, ter uma conseqüência expressiva para a organização, ou seja, que ela tenha o sentido da complexidade.

Se a sua descrição tiver apenas a descrição das atividades, será preciso uma reflexão para identificar se o item que está registrado trata de uma "tarefa ou atividade", ou de uma "responsabilidade". É muito comum isso acontecer, da mesma forma que é possível que sua descrição não contemple a escrita da responsabilidade no contexto da complexidade.

Isso não isenta uma verificação se a sua descrição tiver o título "Responsabilidade", porque o conteúdo pode não estar adequado ao contexto do que significa a complexidade. Os itens listados podem estar expressando uma tarefa ou, ainda, uma complexidade, mas de forma pobre, justificando a revisão.

## Orientações Básicas para a Construção da Descrição da Função Coerente com o Conceito da Perspectiva Complexidade

Não há como eu deixar uma fórmula que possa ser aplicada em todas as situações, por se tratar de um aspecto particular de cada empresa e que deve estar alinhado à sua estratégia. O que farei é apresentar algumas orientações para serem aplicadas, porém a interpretação sobre um mesmo item pode variar de uma empresa para a outra, em função justamente das particularidades e estratégias.

Para as orientações citadas a seguir, fica convencionado que:

- O termo "Tarefas" tem o mesmo sentido de "Atividades".
- O termo "Responsabilidade" tem o mesmo sentido de "Atribuições".
- O termo "Processo" tem o mesmo sentido de "Procedimento".

### 1. Separar "Tarefas", "Procedimento" e "Responsabilidades"

O primeiro passo é separar tarefas de procedimento e de responsabilidades. São assuntos totalmente diferentes, e os processos devem estar fora da descrição da função para que ela faça apenas referência ao processo.

Explicação:

Uma tarefa não indica a amplitude da responsabilidade da função. Ela indica a rotina diária, semanal, mensal, anual ou eventual da realização de uma atividade; do dicionário: *"trabalho que se deve concluir em determinado prazo"*.

Responsabilidade indica o grau de conseqüência da realização de suas atividades; do dicionário: "*obrigação de responder pelos seus atos ou pelos de outrem*".

As diferenças entre Tarefa e Responsabilidade já foram discutidas acima, e a apresentação do significado pelo dicionário deve esclarecer eventuais dúvidas que restarem. Vamos concentrar-nos agora no Processo ou Procedimento.

A descrição de "tarefas" não precisa ser a descrição do procedimento, afinal, é para isso que eles existem.

É muito mais fácil revisar um procedimento do que a descrição da função. Alguns exageros na descrição da função, que são verdadeiros roteiros relatando cada passo do colaborador durante o dia, não são descrição de função, mas descrição de procedimento.

Um processo ou procedimento pode ser utilizado em comum por mais de uma função; já a descrição da função é única para cada função.

Usando o exemplo hospitalar citado para diferenciar cargo e função, temos as funções "Auxiliar de Enfermagem do Pronto Socorro" e "Auxiliar de Enfermagem da UTI" que ambas podem compartilhar o mesmo procedimento caso um paciente tenha um determinado sintoma, mas suas funções são diferentes.

E veja que interessante: o procedimento pode ter uma variação indicando a forma de proceder caso o paciente esteja sob uma determinada medição, ou se estiver na UTI, no Pronto Socorro, etc.

A tarefa deve ser descrita de forma sucinta e deve ser facilmente compreendida. Por exemplo, "Cobrar clientes inadimplentes" é o suficiente para a descrição da tarefa. Não está determinado aqui como abordar o cliente, se é um tipo de cliente ou outro; isso faz parte do procedimento. Enfim, a forma apresentada está focada no "*trabalho que se deve concluir em determinado prazo*".

A responsabilidade é algo maior, que requer do colaborador ações que tenham impacto efetivo na organização. Vamos apresentar exemplos no próximo item, para poder desenvolver, ao mesmo tempo, um raciocínio de como escrever uma responsabilidade no contexto da Perspectiva Complexidade.

## 2. Escrever Responsabilidades com o contexto da Complexidade

Ao escrever a responsabilidade ("<u>*obrigação de responder*</u> *pelos seus atos ou pelos de outrem*"), é preciso explicitar o quão complexa é esta "obrigação", até onde vai o poder de decisão, ação e o impacto pelos atos.

Isso nos leva a entender que uma responsabilidade também é uma tarefa, ao observarmos a palavra "ato" como significado de responsabilidade. Ato é "aquilo que se fez", oriundo de uma tarefa que foi ou não realizada.

O fato é que essa tarefa não é uma tarefa comum como as demais; ela tem um impacto significativo na organização.

Conforme podemos observar pela figura abaixo, quanto maior o nível hierárquico da função, menos tarefas e mais responsabilidades ("tarefas complexas" ou "responsabilidade com maior complexidade") ela possui:

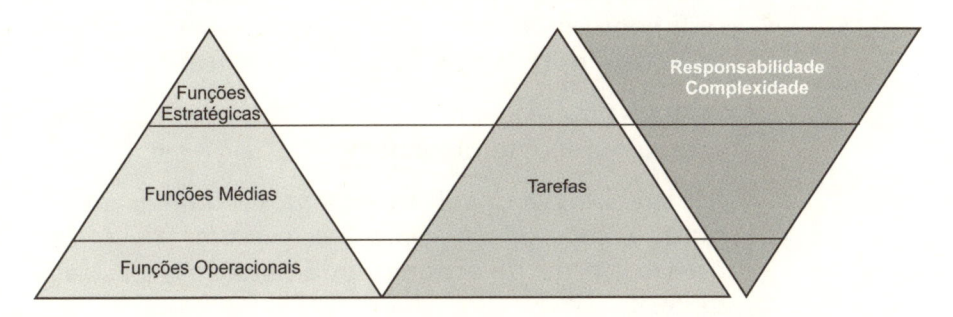

"Analisar o crédito do Cliente" poderia ser, simplesmente, enquadrado em uma tarefa. Aquilo que o caracteriza como uma responsabilidade é a abrangência dessa ação, a complexidade da tarefa.

Por isso que, ao contrário da tarefa, cuja frase deve ser sucinta, na responsabilidade é importante explicitar quão complexa ela é, até onde vai o poder de decisão, ação e o impacto dos atos, afinal, responsabilidade é a "*obrigação de responder pelos seus atos ou pelos de outrem*"; logo, é preciso que isso esteja claro.

Vejamos um exemplo de descrição de Responsabilidade:

"Analisar crédito do Cliente utilizando os procedimentos adequados, podendo bloquear ou liberar faturamento de clientes B e C, e sobre os clientes A, enviar relatório de recomendação para seu superior."

Com a leitura do texto acima, podemos visualizar o nível de complexidade dessa responsabilidade. Vamos fazer uma análise fragmentando a descrição acima:

- "*Analisar crédito do Cliente*" é a "tarefa" da responsabilidade.

- "*... utilizando os procedimentos adequados ...*" é a referência a um procedimento que pode ser alterado em qualquer momento sem a necessidade de se alterar a descrição da função. Aqui, poder-se-ia até ser mais explícito, para indicar o nome procedimento, como, por exemplo, "...utilizando o Procedimento de Crédito de Cliente...". Mas, no contexto da empresa e da função, isso não foi preciso.

- "*... podendo bloquear ou liberar faturamento...*" expressa o impacto de seus atos.

- "*de clientes B e C, sobre os clientes A, enviar relatório de recomendação para seu superior*" deixa expresso o grau de autonomia de sua responsabilidade.

Uma forma simples de definir a construção de uma *responsabilidade* é:

*"Fazer a descrição de uma tarefa contextualizada, de forma a poder observar as dimensões de sua complexidade."*

Refletindo sobre essa definição, "fazer a descrição de uma tarefa contextualizada" significa que a tarefa deve estar expressa, mas não de forma sucinta, pois, se assim estivesse, seria apenas uma tarefa e não uma responsabilidade.

E "de forma a observar as dimensões de sua complexidade" significa a contextualização da tarefa abrangendo as dimensões de sua ação. Alguns exemplos dessa dimensão:

- Impacto dos atos.
- Grau de autonomia.
- Condutas tomadas a partir da informação obtida.
- As decisões e variáveis que envolvem a atividade.
- O nível de abstração da atividade, ou seja, a necessidade de visualizar conceitos e transformá-los em aplicação prática.
- Pressão do ambiente interno e externo.
- Independência e interdependência das atividade.
- "Mutação" da atividade, ou seja, atividades que não são rotineiras a cada nova execução, exigindo adaptações estratégicas na conduta.

Essas dimensões da complexidade são o impacto dos atos, o grau de autonomia e a indicação de procedimentos, podendo variar de acordo com a função e a estratégia da empresa.

Portanto, fica a dica que: ao iniciar a análise da responsabilidade de uma função, a primeira ação a ser feita é definir quais as dimensões da complexidade são necessárias para a função, para que a construção do texto que expressa a responsabilidade possa atender aos requisitos da Perspectiva Complexidade da Avaliação de Desempenho com Foco em Competências.

## Parametrização da Avaliação da Complexidade: Avaliação da Responsabilidade

Em resumo, podemos afirmar que o objetivo da Perspectiva Complexidade é avaliar se o colaborador cumpre suas responsabilidades. Por sua vez, as responsabilidades devem estar escritas contemplando as dimensões da complexidade.

Portanto, ao falar com o colaborador, não iremos usar o termo "Complexidade". Iremos chegar ao objetivo dessa perspectiva por meio da Avaliação das Responsabilidades da Função. Conseqüentemente, teremos o resultado de que precisamos, ou seja, a Complexidade, e esta resultará na composição do *Percentual de Desempenho da Perspectiva Complexidade*.

Cada responsabilidade relacionada na descrição da função é um item a ser avaliado.

É preciso parametrizar a escala que será utilizada em percentual, se poderá ser superior a 100% ou não, e, se puder, qual será o limite.

## Cálculo do Percentual de Desempenho da Perspectiva Complexidade

### 1. Exemplo limitando o resultado em 100%

- Construa o formulário de coleta conforme o modelo.
- A avaliação poderá ser feita pelo superior imediato ou mesmo uma avaliação pelo superior e uma auto-avaliação.

| Avaliação da Responsabilidade | | | | | | |
|---|---|---|---|---|---|---|
| Avaliado : | | | | | | |
| Avaliador: | | | | | | |
| Analisando o Avaliado, indique a freqüência com a qual ele cumpre com sua responsabilidade quando surge cada necessidade relacionada abaixo: | | | | | | |
| | Todas as vezes (100%) | Muitas Vezes (80%) | Com freqüência (60%) | Poucas Vezes (40%) | Raramente (20%) | Nunca (0%) |
| Responsabilidade A | x | | | | | |
| Responsabilidade B | | | x | | | |
| Responsabilidade C | | x | | | | |
| Responsabilidade D | | x | | | | |

Como calcular:

1. Faça a somatória dos percentuais obtidos de acordo com a resposta do avaliador.
2. Divida o total encontrado pelo número de responsabilidades.
3. O valor encontrado será o Percentual de Desempenho do Colaborador na Perspectiva Complexidade, considerando-se a importância ou peso da meta. É esse o percentual que irá compor o Coeficiente de Desempenho do Colaborador.

No exemplo, a somatória dos percentuais obtidos na avaliação foi de 320. Dividida pelo número de responsabilidades, que são 4, o resultado é 80, ou seja, o desempenho desse colaborador nessa perspectiva é de 80%.

## 2. Exemplo permitindo o resultado acima de 100%

Funciona como o exemplo anterior, porém é necessário montar uma escala determinando seu nível máximo, redistribuindo os percentuais a que cada alternativa corresponde, estrategicamente.

Exemplo de escala limitando o desempenho máximo em 120%, que pode ser adequado de acordo com a estratégia da empresa:

| Descrição da Escala | Percentual |
|---|---|
| Inaceitável | 0 % |
| Insuficiente | 30 % |
| Médio | 50 % |
| Bom | 80 % |
| Preciso | 100 % |
| Acima do necessário (superação) | 120 % |

O cálculo do Percentual de Desempenho da Perspectiva Complexidade é exatamente o mesmo que o apresentado no modelo limitado a 100%, considerando-se os valores da escala determinada.

## CAPÍTULO 5

# Perspectivas Especiais

Neste capítulo, quero apresentar uma alternativa na construção da Avaliação de Desempenho com Foco em Competências que permitirá à empresa aplicar sua estratégia ou seu diferencial de forma que este também seja contemplado pela Avaliação de Desempenho.

Essa alternativa é a criação de Perspectivas Especiais, que, assim como cada uma das perspectivas estudadas, possui o Percentual de Desempenho da Perspectiva Especial e que, após a consolidação com as demais perspectivas, resultará no *Coeficiente de Desempenho do Colaborador*.

Antes de sair criando perspectivas, é preciso usar o critério do bom senso.

Um exemplo prático da necessidade de utilização dessas perspectivas especiais é a Responsabilidade Social e a Responsabilidade Ambiental.

É preciso chamar atenção para o fato de que, diferente da primeira imagem que vem a mente de algumas pessoas quando o assunto é Responsabilidade Social, não estamos falando de atividades do chamado Terceiro Setor, ou seja, ajuda a entidades que fazem trabalhos assistenciais, hospitais que cuidam de crianças e jovens carentes ou mesmo um trabalho que a empresa realiza com a comunidade local. Isso também faz parte da Responsabilidade Social, mas não é somente isso.

Com a ajuda da consultora Maria de Fátima Alexandre, vice-presidente de Responsabilidade Social da AAPSA – Associação Paulista de Gestores de Pessoas (www.aapsa.com.br) – e uma das coordenadoras do Grupo TeD – Grupo de Treinamento e Desenvolvimento (www.grupoted.com.br) –, apresento um breve resumo sobre os princípios da Responsabilidade Social para um alinhamento.

## Responsabilidade Social Empresarial

O BSR – Business for Social Responsibility (www.bsr.org) – define Responsabilidade Social Empresarial como *"alcançar sucesso comercial de maneira que honre valores éticos e respeite pessoas, comunidades e o meio ambiente"*.

Segundo o Instituto Ethos (www.ethos.org.br), *"o conceito de Responsabilidade Social aplicado à gestão de negócios se traduz como um compromisso ético voltado para a criação de valores para todos os públicos com os quais a empresa se relaciona: clientes, funcionários, prestadores de serviços, fornecedores, comunidade, acionistas, governo, meio ambiente"*.

Em termos práticos, significa que a empresa, ao tomar decisões estratégicas sobre a condução de seus negócios, deve considerar não apenas os impactos econômicos da atividade, mas também as necessidades dos demais ambientes que serão afetados por sua presença, imediata ou remotamente, a curto ou longo prazo.

Significa, também, que não é possível ser ético nas relações com o cliente e "esquecer" o cliente interno, seus colaboradores; ou lembrar da qualidade de vida desses últimos e fazer vistas grossas a condições precárias de prestadores de serviços ou às condições de trabalho de seus fornecedores.

Se existe, por exemplo, trabalho infantil na cadeia de fornecedores da empresa, ela se torna, no mínimo, co-responsável por esse crime e a mancha na reputação de sua marca será o preço implacável que pagará por esse "descuido", como temos visto acontecer com várias empresas transnacionais.

A RSE – Responsabilidade Social Empresarial – é muito mais ampla do que a filantropia empresarial, em que empresas fazem doações a entidades sociais. Embora as doações sejam importantes para viabilizar muitas ações sociais, a expectativa é de que as empresas passem a ser mais do que doadoras; passem a ser parceiras das organizações sociais no desenvolvimento de projetos eficientes de transformação social.

O consumidor está cada vez mais atento para a RSE da empresa, e os brasileiros começam a tomar decisões sobre os produtos que vão comprar baseados em suas certificações e posicionamento de proteção sócio-ambiental, o que já se confirmou como forte tendência mundial.

Resumindo, a empresa socialmente responsável é aquela que incorpora aos seus negócios a relação ética com todos os públicos ao seu redor, consciente de que o desenvolvimento econômico e social são interdependentes, e de que não existe empresa viável economicamente num meio sócio-ambiental desfavorecido.

Esse público ao redor mencionado são chamados dos *stakeholders* da organização. São eles:

- Clientes.
- Colaboradores (funcionários).
- Prestadores de Serviços.
- Fornecedores.
- Comunidade.
- Acionistas.
- Governo.
- Meio ambiente.

Mas como o nosso foco não é Responsabilidade Social, mas trabalhar as Perspectivas Sociais, fica como referência àqueles que desejarem aprofundar-se no tema o site do Instituto Ethos, que é referência mundial no assunto: www.ethos.org.br.

Voltando às perspectivas, mas comparando-as com a introdução acima sobre Responsabilidade Social, notamos que a Responsabilidade Ambiental está contida na Responsabilidade Social. Apesar disso, a grande maioria das empresas costuma, ao divulgarem suas ações, utilizar as responsabilidades separadas, tanto que nos acostumamos com a expressões "Balanço Social" e, também, "Balanço Ambiental".

Entendo que isso ocorra por dois motivos básicos: primeiro, porque são ações extensas, complexas e importantes o suficiente para, apesar de estarem em um escopo maior, serem trabalhadas distintamente; em segundo, essas ações, além de responsabilidades em primeiro lugar, são ações de marketing das empresas, e temos de concordar que é um marketing eficaz.

Voltando definitivamente para as perspectivas, quero propor a seguinte reflexão: "Quem faz a empresa ser responsável social ou ambientalmente? É o esqueleto da empresa ou são seus colaboradores que alcançam resultados específicos"?

Os colaboradores, é claro! Empresa nenhuma existe sem os colaboradores. Portanto, se for parte da estratégia da empresa, podem ser criadas as Perspectivas Responsabilidade Social e Responsabilidade Ambiental.

Se são os colaboradores que conquistam o produto final de Responsabilidade Social ou Ambiental da organização, eles precisam demonstrar o desempenho nessas perspectivas, e essas devem compor o Coeficiente de Desempenho do Colaborador.

Tecnicamente, o funcionamento dessa perspectiva é exatamente o mesmo da Perspectiva Resultados, na íntegra.

Se o funcionamento é o mesmo, por que não colocar as metas das Responsabilidades Sociais e Ambientais na Perspectiva Resultado? Isso é possível e não acarreta nenhum prejuízo ao resultado final do Coeficiente de Desempenho do Colaborador, mas você perde três possibilidades:

1. Fazer uso da perspectiva como marketing interno.

2. Motivar as pessoas, por serem objetivos socialmente corretos.

3. Assim como na Perspectiva Resultado, podemos usar a Técnica da Importância ou Peso da Meta; ao consolidar os resultados das perspectivas para gerar o Coeficiente de Desempenho do Colaborador, iremos utilizar uma técnica similar, e, se as metas das Responsabilidades Social e Ambiental estiverem juntas com a Perspectiva Resultado, essa possibilidade de forma organizada é eliminada.

Assim como na construção das metas, ao orientar que sejam consideradas a Missão, Visão, Valores e Estratégia da empresa, a criação de novas perspectivas deve também seguir esses mesmos moldes.

Dadas as possibilidades até aqui, finalmente chega a hora da construção do Coeficiente de Desempenho do Colaborador, que é o tema do próximo capítulo.

**CAPÍTULO 6**

# Como Calcular a Avaliação de Desempenho com Foco em Competências

Ao iniciar a leitura deste capítulo, é preciso lembrar que estaremos mensurando qual foi a entrega efetiva do colaborador desde a data em que ele empenhou sua palavra em prol das metas acertadas e da execução de suas responsabilidades, de acordo com a sua função.

A entrega não é apenas o percentual de desempenho de uma das perspectivas, nem tão pouco o cumprimento de uma meta em específico.

A entrega é uma consolidação do Percentual de Desempenho de cada uma das perspectivas, ponderado segundo um critério estratégico, que terá como resultado um número expresso em percentual, denominado **Coeficiente de Desempenho do Colaborador**, que iremos chamar, pelas suas iniciais, de *CDC*.

As avaliações de cada perspectiva já foram realizadas. Como exemplo, vamos considerar os seguintes resultados do Percentual de Desempenho de cada uma das expectativas:

| Perspectiva | Percentual de Desempenho da Perspectiva |
|---|---|
| Técnica | 72 % |
| Comportamental | 87% |
| Resultados | 92% |
| Complexidade | 75% |

Seguindo o mesmo princípio ao calcular cada uma das perspectivas, se somarmos os percentuais de cada perspectiva, teremos 326, e, dividindo-o pelo número de perspectivas, que são 4, o resultado encontrado, que seria o CDC, é 81,5%.

"Seria" se não utilizássemos a Técnica da Importância da Perspectiva em relação a Função.

O exemplo acima considera que todas as perspectivas possuem o mesmo peso ou importância. Se realmente isso valer para a função do colaborador avaliado no exemplo, então 81,5% realmente é o seu Coeficiente de Desempenho, mas em apenas algumas funções esse fato ocorre.

A distribuição de pesos diferentes deve ocorrer por função e de acordo com a estratégia da organização, devendo ser *distribuídos **100 pontos** pelas perspectivas*.

Cada ponto equivale a 1% do total do Coeficiente de Desempenho, que por sinal, não está limitado a 100%. Para melhor compreender é preciso ver um exemplo prático. A regra até aqui é *"distribuir 100 pontos nas perspectivas"*.

Vamos analisar as perspectivas de um técnico eletrônico, que faz as manutenções nos equipamentos dos clientes no laboratório, e que, portanto, não tem contato com o cliente.

| Perspectiva | Pontos |
|---|---|
| Técnica | 30 |
| Comportamental | 10 |
| Resultados | 40 |
| Complexidade | 20 |

*Análise:*

A função é de um técnico de manutenção interno, portanto, o mais importante são os resultados, 40 pontos, seguido de seus conhecimentos e habilidades, 30 pontos. A complexidade de sua função é razoável, por tratar de equipamentos de clientes, normalmente, de considerável valor, porém, como ele está habilitado para a manutenção, 20 pontos. Por fim, a parte comportamental é a que menos influencia esta função, pois o trabalho desse técnico é solitário, 10 pontos.

Agora, considerando a função de um Diretor Comercial, a distribuição entre as perspectivas muda totalmente, podendo ser, por exemplo:

| Perspectiva | Pontos |
|---|---|
| Técnica | 10 |
| Comportamental | 30 |
| Resultados | 30 |
| Complexidade | 30 |

*Análise:*

Um diretor comercial precisa conhecer a carteira de produtos, detalhes de todos os processos, sem dúvida, mas o que mais pesa são as Perspectivas Comportamentais, de Resultados, e a Complexidade da sua função, por isso foram dados 10 pontos para a Perspectiva Técnica e 30 para cada uma das demais.

Por outro lado, a distribuição de pontos pode variar de acordo com o período proposto da avaliação e o desafio do momento. Por exemplo, se a equipe precisar de um empenho maior na parte comportamental ou se a empresa precisar de um esforço maior nas metas, enfim, os pontos podem variar.

Não há regra na distribuição dos 100 pontos, pois ela é uma leitura do período em que ocorre a avaliação. Entenda por essa última frase o momento do empenho, pois é nesse momento que todas as regras devem ser construídas, inclusive a distribuição dos 100 pontos, e não após as avaliações das perspectivas ou no momento de consolidação do Coeficiente de Desempenho do Colaborador.

Para auxiliar na reflexão da distribuição dos pontos e para ilustrar por que ela é necessária, veja a figura abaixo, que apresenta uma relação entre cada uma das perspectivas com as funções de uma organização.

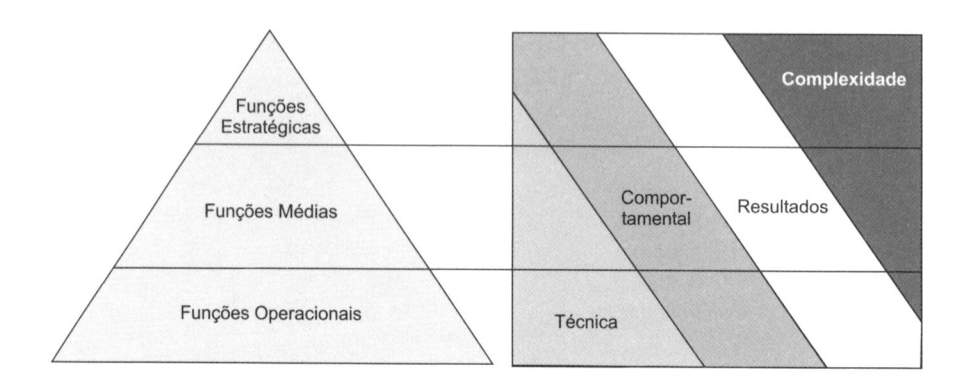

[Figura: pirâmide com Funções Estratégicas, Funções Médias, Funções Operacionais; ao lado, quadrado com faixas diagonais indicando Complexidade, Comportamental, Resultados e Técnica]

Pela figura, é possível compreender que, quanto maior o nível hierárquico das funções, maior é a sua complexidade e menor a necessidade de competência técnica.

Já a necessidade de resultados e de uma linha comportamental adequada é praticamente linear para toda a organização.

A figura acima foi adaptada do conceito no qual Katz trabalha com competências técnicas, humanas e conceituais, e o que ele apresenta é: quanto mais alto o "cargo", menos competência técnica e mais competência conceitual são necessárias. E o inverso é verdadeiro para os "cargos" operacionais, enquanto a necessidade das competências humanas tem uma linha de importância similar em toda a organização. É interessante a forma com que ele se expressou por meio da pirâmide e do quadrado ao lado, indicando a evolução da participação dessas competências.

Inspirado na forma de se expressar de Katz, fiz a adaptação para as Perspectivas da Avaliação de Desempenho com Foco em Competências.

Agora resta-nos efetuar o cálculo do Coeficiente de Desempenho do Colaborador, considerando-se o rateio dos 100 pontos entre as perspectivas. Portanto, retomando o exemplo do início desse capítulo e acrescentando a distribuição dos pontos, apresentamos os seguintes estudos.

*Estudo 1:*

| Perspectiva | Desempenho da Perspectiva | Pontos Distribuídos | Pontos da Perspectiva |
|---|---|---|---|
| Técnica | 72 % | 30 | 21,6 |
| Comportamental | 87% | 10 | 8,7 |
| Resultados | 92% | 40 | 36,8 |
| Complexidade | 75% | 20 | 15,0 |
| | | Total de Pontos | 82,1 |
| | | CDC | 82,1% |

Como calcular:

- A coluna Pontos da Perspectiva é o resultado da multiplicação dos Pontos Distribuídos para a perspectiva pelo Percentual de Desempenho da Perspectiva.
- A somatória dos pontos registrada na totalização equivale ao resultado da Avaliação de Desempenho com Foco em Competências, que é o Coeficiente de Desempenho do Colaborador, o CDC.

Veja outros exemplos apenas modificando os Pontos Distribuídos:

*Estudo 2:*

| Perspectiva | Desempenho da Perspectiva | Pontos Distribuídos | Pontos da Perspectiva |
|---|---|---|---|
| Técnica | 72 % | 10 | 7,2 |
| Comportamental | 87% | 30 | 26,1 |
| Resultados | 92% | 30 | 27,6 |
| Complexidade | 75% | 30 | 22,5 |
| | | Total de Pontos | 83,4 |
| | | CDC | 83,4% |

*Estudo 3*:

| Perspectiva | Desempenho da Perspectiva | Pontos Distribuídos | Pontos da Perspectiva |
|---|---|---|---|
| Técnica | 72 % | 40 | 28,8 |
| Comportamental | 87% | 10 | 8,7 |
| Resultados | 92% | 10 | 9,2 |
| Complexidade | 75% | 40 | 30 |
| | | Total de Pontos | 76,7 |
| | | CDC | 76,7% |

O mesmo Desempenho da Perspectiva com a distribuição diferente altera o resultado. Mas o Desempenho pode ficar acima dos 100%, como no exemplo a seguir:

*Estudo 4*:

| Perspectiva | Desempenho da Perspectiva | Pontos Distribuídos | Pontos da Perspectiva |
|---|---|---|---|
| Técnica | 126 % | 40 | 50,4 |
| Comportamental | 87% | 20 | 17,4 |
| Resultados | 92% | 30 | 27,6 |
| Complexidade | 75% | 10 | 7,5 |
| | | Total de Pontos | 102,9 |
| | | CDC | 102,9% |

Com o Coeficiente de Desempenho do Colaborador em mãos, agora temos um número e, principalmente, um critério para poder aplicar na Remuneração com Foco em Competências efetivamente, afinal, o CDC traduz toda a Competência do Colaborador no sentido amplo de Competência.

O Capítulo 9 apresentará a utilização do CDC na Remuneração por Competências. Porém, apresentaremos no próximo capítulo uma perspectiva que pode ser util em algumas funções ou para algumas empresas: a Perspectiva Convenção.

# A Perspectiva Convenção

CAPÍTULO 7

Quando eu estudava as perspectivas necessárias para compor o Coeficiente de Desempenho do Colaborador, percebi que para algumas empresas poderia haver algo sutil que pudesse faltar ao retratar o Desempenho do Colaborador, algo que fosse uma regra inegociável para uma determinada função e cuja a falta de um colaborador prejudicasse a empresa de alguma forma.

Toda empresa, por mais humana ou democrática, precisa de regras, as quais muitas vezes não há como flexibilizar. Essa foi a fonte de inspiração para a criação da Perspectiva Convenção, cujo o nome foi complicado escolher. Mas recorrendo ao bom e velho amigo dicionário, encontrei que convenção significa "ajuste ou determinação sobre um assunto, fato, norma de ação". Não tive mais dúvidas; era exatamente isso que procurava.

Como fazer com que uma norma de ação que não fosse cumprida tivesse impacto no desempenho de um colaborador de forma a ser mensurada...? Surge, assim, essa perspectiva.

Vou citar um assunto básico e ao mesmo tempo polêmico, mas vou conduzir de forma a enxergarmos que a convenção precisa ser estabelecida, mesmo que para uma função específica.

Peço a compreensão do leitor, já que o objetivo aqui não é citar exemplos práticos do que deve compor essa perspectiva, se é que sua empresa precisa utilizá-la, mesmo porque para encontrar cada um dos itens dessa ou das demais perspectivas é necessário uma análise de cada empresa. Mais ainda, de cada função, e, ainda, de forma alinhada à estratégia da empresa.

Meu exemplo polêmico trata sobre o atraso dos colaboradores. Polêmico, pois para muitas empresas ele não influencia, muitas possuem o horário flexível e outras consideram que tratar desse assunto é uma visão retrógrada.

Até pode ser uma visão retrógrada, mas pode afetar sua vida se, por exemplo, naquele plano de emagrecer 10Kg citado no estudo da Perspectiva Resultado, você decidir fazer academia, mas o único horário que você tem é das 6h às 7h30. Tudo bem, você pode entrar às 9h no escritório, pois sua empresa tem o horário flexível.

Em um esforço pessoal, você acorda as 5h15, toma um café leve e vai para a academia, e a pessoa que abre a academia não está lá. Ainda não chegou... se atrasou... Mas tudo bem, acontece.

Na outra madrugada, pontualmente às 5h15 você está em pé, toma aquele café e às 6h você encontra a academia ainda fechada. E o atraso dessa vez foi de apenas 15 minutos, mas agora com o trânsito você não chegará às 9h15; você chegará às 9h45.

Você tem a opção de mudar de academia, mas a academia ficará com a imagem comprometida, pois certamente você não irá recomendá-la a nenhum amigo que precise fazer exercício às 6h.

Mas a academia pode trocar o funcionário (funcionário sim, pois ele não colabora), porém, de qualquer forma, a academia tem uma regra inegociável para a função de quem abre a academia que é "não atrasar", independentemente de ser aquele funcionário ou o próximo colaborador que venha a substitui-lo, mesmo que o restante da academia inteira possa ter o horário flexível para seus colaboradores.

Esse, portanto, é o conceito da Perspectiva Convenção, que nada mais é do que identificar se, para cada função, existem normas inflexíveis que precisem ser observadas pelos colaboradores, e no caso de falta de alguma delas, se afeta ou não o seu desempenho. Se afetar, é preciso usar essa perspectiva.

Os que estudaram o Inventário Comportamental podem estar questionando se não seria o caso do "não atrasar" ou "cumprir com os horários da empresa" não serem indicadores de uma das competências comportamentais. Até podem, porém somente isso não resolve. Veja o porquê.

O cálculo do Percentual de Desempenho da Perspectiva Comportamental é o resultado, em percentual, de todas as competências necessárias para a função do colaborador em relação às que ele possui, sendo expressa em um percentual.

Esse percentual é o resultante de cerca de 50 ou mais indicadores de competências comportamentais que o colaborador deve possuir. E, ainda, o Percentual de Desempenho da Perspectiva Comportamental não é o Coeficiente de Desempenho do Colaborador, pois o CDC será a ponderação dos resultados de, no mínimo, quatro perspectivas, e, ainda por cima, ponderada de acordo com a distribuição dos 100 pontos entre as perspectivas.

Sabe qual seria o impacto no Coeficiente de Desempenho daquele funcionário da academia que sempre estava atrasado, mesmo *zerando* no comportamento "cumprir com os horários da empresa"? Seria imperceptível, com sorte, 0,01%. E se você estivesse arredondando os resultados, então, seria zero!

Daí a necessidade de colocar em destaque as regras inegociáveis na Perspectiva Convenção.

## A Construção da Perspectiva

Em poucas palavras, a definição da Perspectiva Convenção nada mais é do que um "fator redutor" do resultado alcançado, sem tirar o mérito do que foi alcançado, mas justificando a necessidade de sua aplicação.

Após a análise com critério, e encontradas as normas que irão compor a perspectiva, é preciso parametrizar o impacto da redução do desempenho por perspectiva.

## Cálculo da Perspectiva Convenção

### 1. Relacionar as normas que terão impacto na perspectiva

Exemplo:

| Perspectiva Comportamental |
|---|
| Norma A |
| Norma B |
| Norma C |

## 2. Determinar qual será o fator máximo de redução por norma

Para se determinar o fator máximo de redução, é preciso critério, cautela e, principalmente, não exagerar. Lembre-se de que, assim como as demais perspectivas, essa regra deve estar clara na hora do empenho.

Exemplo: 10%

## 3. Distribuir o fator de redução nas normas.

A distribuição não pode exceder o fator máximo determinado no item 2.

Exemplo:

| Perspectiva Comportamental | Fator de Redução |
|---|---|
| Norma A | 4% |
| Norma B | 2% |
| Norma C | 4% |

## 4. Antes de efetuar o cálculo do CDC, aplicar a redução somente dos itens em que ocorreu a quebra da Convenção.

Vamos resgatar o Estudo 2 do cálculo do CDC e considerar que as Normas A e C foram quebradas, totalizando 8% na Perspectiva Comportamental.

*Estudo 2 – Sem a Redução:*

| Perspectiva | Desempenho da Perspectiva | Pontos Distribuídos | Pontos da Perspectiva |
|---|---|---|---|
| Técnica | 72 % | 10 | 7,2 |
| Comportamental | 87% | 30 | 26,1 |
| Resultados | 92% | 30 | 27,6 |
| Complexidade | 75% | 30 | 22,5 |
| | | Total de Pontos | 83,4 |
| | | CDC | 83,4% |

*Estudo 2 – Com a Redução:*

| Perspectiva | Desemp. Perspectiva | Redução | Desemp. p/ Cálculo | Pontos Distribuídos | Pontos da Perspectiva |
|---|---|---|---|---|---|
| Técnica | 72 % | 0% | 72 % | 10 | 7,2 |
| Comportamental | 87% | 8% | 79% | 30 | 23,7 |
| Resultados | 92% | 0% | 92% | 30 | 27,6 |
| Complexidade | 75% | 0% | 75% | 30 | 22,5 |
| | | | | Total de Pontos | 81,0 |
| | | | | CDC | 81,0% |

Note que o impacto foi uma redução de 2,4 pontos no Coeficiente de Desempenho do Colaborador; quase 2,5%.

É possível aplicar a redução diretamente no CDC, porém não irei apresentar essa forma por considerar que isso foge ao contexto da Avaliação de Desempenho com Foco em Competências, que tem base nas perspectivas.

**CAPÍTULO 8**

# A Utilização da Avaliação de Desempenho para o Desenvolvimento

Alguns setores da área de Administração e também de Recursos Humanos, que de certa forma criticam a Avaliação de Desempenho, dizem que o desempenho visa o passado.

Já comentamos um pouco disso no Capítulo 2, e agora, com o que construímos até aqui, precisamos comprovar como utilizar a Avaliação de Desempenho com Foco em Competências visando o futuro.

Os comentários que farei são baseados nos métodos de mapeamento e avaliação que apresentei para cada uma das perspectivas, por isso, se em alguma delas você utilizar outro método, cabe a você elaborar a adequação necessária.

Reforço o meu conceito de que a Avaliação de Desempenho tradicional é o passado, sempre foi. Porém, a *Avaliação de Desempenho com Foco em Competências* olha para o ***futuro***, pois o futuro é o *desenvolvimento* das pessoas quando os resultados obtidos no passado servem para serem analisados para a criação de novas estratégias e alternativas.

Outro conceito que trago comigo é a diferença entre Treinamento e Desenvolvimento. Eu costumo relacionar Treinamento às Competências Técnicas e o Desenvolvimento às Competências Comportamentais.

Justificando: se eu não conheço o recurso de Mala Direta do Word citado no estudo da Perspectiva Técnica, posso fazer um treinamento. Com o auxílio de minhas anotações, no mesmo dia ou quando for necessário, conseguirei realizar essa tarefa.

O oposto acontece se eu não tiver liderança e participar de um treinamento. Ainda hoje, ou amanhã, quando retornar ao meu trabalho, eu não serei um líder, pois uma Competência Comportamental preciso desenvolver.

Com exceção feita à Perspectiva Técnica, as demais perspectivas trabalham com o Desenvolvimento, e, para promover o desenvolvimento, são necessárias três questões básicas:

- "Querer Fazer": é o A do *CHA*, a Atitude.

- "*Feedback*": é o expressar pelo Gestor do colaborador (portando, não do RH – este tem o papel de orientar o Gestor) de como ocorreu um determinado fato, se foi positivo ou negativo (dar *feedback* somente do negativo é errado). E não ter somente o *feedback* do gestor, mas de todos os envolvidos, não importando se é subordinado ou par.

- "Plano de Ação": é importante para fazer acontecer, estabelecendo metas que devem seguir a parametrização básica apresentada no estudo da Perspectiva Resultado.

- "Cultura": não no sentido de conhecimento, claro que isso é importante, mas o mais importante é o sentido "biológico" levado para a organização, que significa ter o ambiente propício para o desenvolvimento da competência.

Isso tudo para dizer que, se você utilizar a metodologia da Avaliação de Desempenho com Foco em Competências da forma proposta e não tomar as ações necessárias sobre os *gaps* (necessidades), você estará utilizando essa ferramenta com olhos no passado, assim como a avaliação de desempenho tradicional.

O desenvolvimento é o que caracteriza o futuro. A metodologia da Avaliação de Desempenho com Foco em Competências permite extrair questões pontuais que não são subjetivas para direcionar o ponto exato do desenvolvimento. Essa é a diferença do método tradicional.

Vamos apresentar alguns exemplos do que podemos extrair em cada uma das perspectivas, gerando informações precisas para a construção do futuro.

## Perspectiva Técnica

Uma relação por colaborador, ordenada por competência técnica ou por função, apresentando cada competência técnica que estiver abaixo do nível necessário para a função, acaba de vez com o tão antigo e impreciso LNT – Levantamento das Necessidades de Treinamento –, que era realizado pelo superior imediato do colaborador.

Exemplo:

| **Necessidade de Treinamento de Competência Técnica** | | | | |
|---|---|---|---|---|
| Competência Técnica: **Matemática Financeira** | | | | |
| Colaborador | Função | NCTF | NCTC | Gap |
| xxxxxxxxx | Analista de Crédito | 3 | 2 | 1 |
| yyyyyyyy | Analista de Crédito | 3 | 1 | 2 |
| zzzzzzzzz | Analista de Custo | 4 | 3 | 1 |

## Perspectiva Comportamental

Saber qual é o *gap* em termos de competências comportamentais é importante, porém o mais importante é saber o que significa esse *gap*. A metodologia do Inventário Comportamental permite a constatação precisa de quais comportamentos o colaborador precisa desenvolver por meio de um de seus relatórios, chamado "Menores Médias". Com ele, é possível dar um *feedback* preciso e montar um plano de ação sob medida. Assim como as menores médias, existe o relatório das maiores médias, afinal, o processo de *feedback* deve focar o positivo também.

Exemplo:

| Relação das Menores Médias para o Desenvolvimento | |
|---|---|
| Colaborador: xxxxxx | |
| **Indicador** | **Média** |
| Manter local de trabalho organizado | 1 |
| Dar retorno imediato aos clientes | 1 |
| Ser cortês com os colegas de trabalho | 2 |
| Comemorar com a equipe os resultados alcançados | 2 |
| Descentralizar tarefas, contribuindo para o crescimento da equipe | 2 |

Além desse relatório, é possível extrair a necessidade de treinamento por colaborador, por função ou, ainda, por competência, permitindo a contratação ou o desenvolvimento de um treinamento sob medida, trabalhando exatamente os comportamentos que precisam ser desenvolvidos.

## Perspectiva Resultado

Poder identificar cada um dos resultados empenhados e que não foram alcançados é importante. Mas o mais importante é um relatório com a análise dos parâmetros básicos da meta apresentados, para se ter uma base histórica e refletir sobre o que levou a não atingir a meta traçada. Isso servirá para o desenvolvimento do colaborador, equipe e também para se traçar a nova meta para a próxima Avaliação de Desempenho com Foco em Competências.

## Perspectiva Complexidade

Nessa perspectiva, cabe um relatório similar às Menores e Maiores Médias da Perspectiva Comportamental. Com ele, poderemos identificar exatamente o que levou o colaborador a ter uma pontuação menor nessa perspectiva e promover seu desenvolvimento.

| Relação das Menores Médias das Responsabilidades ||
|---|---|
| Colaborador: xxxxxx ||
| **Indicador** | **Média** |
| Responsabilidade A | 50% |
| Responsabilidade B | 60% |

## Perspectiva Convenção

O mesmo processo da Perspectiva Complexidade se aplica à Perspectiva Convenção, na qual teremos as regras inegociáveis que não foram observadas.

| Relação das Normas Não-Observadas |
|---|
| Colaborador: xxxxxx |
| **Indicador** |
| Norma A |
| Norma B |

Esses são apenas alguns exemplos práticos para o Desenvolvimento com a Avaliação de Desempenho com Foco em Competências das ações a serem tomadas para a melhoria do resultado.

## Desenvolver o Positivo: O Desenvolvimento do Futuro

O método milenar de desenvolvimento sempre foi o foco no negativo. Uma prova disso são os relatórios acima citados, nos quais identificamos uma deficiência e queremos a todo custo corrigi-la, usando o argumento de que isso resultará em um desempenho melhor no futuro.

De fato é verdade, porém é necessário gastar grande energia para tal.

Existe o outro lado da moeda no qual, utilizando-se um exemplo da vida, se você tem um filho que é excelente em Português, mas tem uma dificuldade enorme em Matemática, contrate uma professora particular para fazer com que ele tenha a nota mínima nessa matéria. Já em Português, invista tudo o que puder, pois esse é o talento do seu filho. Também isso é um fato e uma verdade.

Ao meu modo de entender, no mundo empresarial, poderíamos utilizar esse mesmo princípio, porém existe uma diferença entre o exemplo do filho e de um profissional com um *gap* em relação a uma das perspectivas.

No caso do filho, é uma preparação para a vida profissional, enquanto no caso do colaborador, é um profissional que está lidando com vidas, não somente a dele, mas de sua equipe, além do fato de que, dos seus resultados, dependem inúmeras outras vidas.

Nem oito, nem oitenta. O bom senso deve sempre prevalecer. É fundamental desenvolver aquilo que já é bom no colaborador, mas é primordial desenvolver o que também não é sequer bom.

Se retomarmos o exemplo do Oscar, no basquete, e do Rogerio Ceni, que usamos no primeiro capítulo, podemos afirmar que é inteligente que o Rogerio Ceni cada vez mais se especialize na cobrança de falta, e, se ele somente treina a cobrança de falta do lado esquerdo do campo, que ele consiga cobrar do lado direito também.

Agora, vamos considerar que ele tenha uma deficiência em sair do gol nas cobranças de escanteio. Não basta treinar isso para ser razoável e "passar" no mínimo, como o exemplo do filho, pois, nesse caso, o mínimo pode não ser suficiente em uma final de campeonato. Se ele fizer o mínimo e, em uma saída do gol, não for feliz, não será somente a vida dele em jogo.

Que fique claro que não sou contra essa técnica de valorização dos pontos fortes, pelo contrário, que o profissional e a empresa possam explorar cada vez mais um ponto de destaque e que realmente invistam nisso, mas o profissional, segundo Guy Le Boterf, é "aquele que administra uma situação profissional complexa"; então, ele precisa buscar a eliminação desses *gaps*.

Na prática, utilize cada um dos relatórios sugeridos nas perspectivas acima no sentido positivo, ou seja, as maiores médias e responsabilidades em que apresentou as melhores avaliações, as metas nas quais mais se destacou, e trabalhe isso com o colaborador e com a equipe, mas não se esqueça de corrigir os *gaps*.

## Programa de Autodesenvolvimento

A responsabilidade do desenvolvimento do colaborador antigamente era da empresa. Hoje, já não é mais assim, mas a empresa pode e deve colaborar.

Sempre que posso, faço questão de registrar uma ferramenta que pode contribuir para o autodesenvolvimento dos profissionais, independentemente de sua área, que é o Programa de Autodesenvolvimento do Rh.com.br.

Trata-se de um material extremamente atual, prático, acessível para a empresa e, principalmente, para os profissionais, que a cada dia estão mais sem tempo. Oferece assuntos corporativos que promovem uma reflexão do profissional em busca de suas competências.

Assim, para aqueles que se interessarem, o site do Rh.com.br é www.rh.com.br e o site do Programa de Autodesenvolvimento é http://www.autodesenvolvimento.rh.com.br/.

Vale a pena conferir.

**CAPÍTULO 9**

# O Coeficiente de Desempenho na Remuneração com Foco em Competências

Talvez este seja um dos capítulos mais esperados pelo leitor, mas o que está registrado aqui, depois de todo o processo que foi construído e estudado, certamente é o mais óbvio, e o leitor terá a clara visão do que é Remunerar com Foco em Competências.

Entende-se por Remuneração com Foco em Competências *"uma recompensa financeira (denominada remuneração) paga ao colaborador de acordo com as competências que este possui"*.

**Errado!** O correto é:

*"Remuneração com Foco em Competências é uma recompensa financeira paga ao colaborador **de acordo com as competências que o colaborador entrega à organização**"*.

O que o colaborador entrega, estudamos no decorrer desse livro, não é somente o CHA. E concluímos também que o que o colaborador entrega para a organização é o seu *CDC, Coeficiente de Desempenho do Colaborador*, que é calculado por meio das quatro perspectivas básicas: Técnicas, Comportamentais, Resultados e Complexidade, podendo ainda ser aumentado pelas Perspectivas Especiais e ajustado pela Perspectiva Convenção. Essa é a entrega do colaborador para a organização.

Então, 50% do problema já está resolvido, faltando a questão da remuneração, já que a parte complexa da equação já foi resolvida pelo Coeficiente de Desempenho do Colaborador.

Existem alguns equívocos aplicados por algumas empresas que utilizam o conceito de Remuneração por Competências, tais como:

- Remunerar com base na avaliação comportamental: somente o A do CHA não é competência.
- Remunerar por nível escolar ou graduação: não é remunerar por competências.
- Remunerar por habilidade: somente o H do CHA não é competência.
- Remunerar por resultados/metas alcançadas: como o nome já diz, resultado não é competência.
- Remunerar por Treinamento Participado.
- Remunerar com base apenas na Avaliação de Competência Técnica e Comportamental: é um bom início, porém insuficiente, incorreto e injusto com a empresa.

Essas ações não visam à entrega do colaborador para a organização, mas apenas a um fragmento do conceito amplo de competência. O problema é que, da forma descontrolada e desestruturada que geralmente é implantada, a conseqüência é o estouro da folha de pagamento.

O assunto de remuneração é complexo, ainda mais com a Legislação Brasileira. Há, no Brasil, entretanto, uma lei citada e colocada como anexo em todos os livros de Plano de Cargos e Salários, a Lei 10.101, que trata da Participação nos Lucros ou Resultados. Apesar deste não ser um livro sobre salários, caso você não conheça essa lei, você a encontrará no Anexo I.

Essa é uma alternativa para se aplicar a Remuneração por Competências sem um estouro da folha de pagamento e de forma justa, utilizando-se como referência para esta distribuição o sentido correto da competência do colaborador, ou seja, o que ele entrega para a organização, que é o Coeficiente de Desempenho do Colaborador.

## CDC, Uma Forma Justa

Quem nunca ouviu ou vivenciou uma campanha de equipe de vendas, na qual, se atingissem tal meta, teriam um determinado prêmio em dinheiro ou alguma promoção?

E quantos de vocês já viram que todos ganharam ou participaram desse prêmio quando a meta foi alcançada, como, por exemplo, aquela assistente de vendas que deu apoio à equipe, que resolveu os problemas dos representantes, alguns até particulares (afinal, eles estavam mais tempo na rua) anotou os recados que aumentaram muito depois do início da campanha, ou até mesmo a pessoa do faturamento, da expedição... enfim, todas as pessoas envolvidas na campanha, além dos representantes e gerentes, quantas vezes vocês já viram esses colaboradores também ganharem ou participarem do prêmio?

A resposta das perguntas acima, na respectiva seqüência, deve ser algo como "1.muitas vezes; 2. poucas vezes" ou, como geralmente acontece, "1. muitas vezes; 2. nunca".

Não que eu seja contra campanhas assim, mas da mesma forma acontece quando a empresa vai distribuir os resultados sem critérios que avaliem a entrega.

Nesse ponto entra o Coeficiente de Desempenho do Colaborador, mediante uma regra de remuneração que não vamos discutir nesse livro, pois o nosso foco é em como chegar à correta forma de remunerar as pessoas, que é a busca do índice a ser aplicado.

O tipo de remuneração a ser feita depende de verba que a empresa dispõe, de sua política estratégia, enfim, de diversos itens particulares de cada empresa, e é impossível apresentar uma fórmula mágica.

Mas apresentaremos uma fórmula que é justa a partir da definição da verba de remuneração, que é o Valor do Prêmio rateado pela folha de pagamento, porém pago sobre a entrega do colaborador, segundo o valor do CDC.

Vejamos na prática:

Vamos considerar uma empresa que irá disponibilizar uma verba de para a Remuneração por Competências de todos os seus colaboradores, de acordo com a seguinte política:

1. Disponibilidade financeira dada pela verba da remuneração: R$ 200 mil.
2. A política foi distribuir para todos os colaboradores de maneira uniforme de acordo com o salário, porém com Foco nas Competências dos colaboradores.

A verba poderia ser distribuída por vários critérios, por exemplo, X% para nível gerencial, Y% para operacional, ou outra forma. Isso tudo é a política que mencionei não ser o foco desse livro, mas o que queremos apresentar é como remunerar com foco em competências a partir de uma verba, ou seja, a forma de oferecer a recompensa financeira ao colaborador.

Apresentaremos uma estrutura relacionando o número de colaboradores por função, o valor total da folha de pagamento e o peso do valor do salário de cada colaborador na folha.

Para facilitar a explicação, iremos considerar que colaboradores na mesma função possuem o mesmo salário fixo. Mas esse fator deve ser levado em consideração ao colocar o exemplo em prática.

| Função | Nº Colaboradores na Função | Salário Individual em R$ | Total na Folha | Peso Por Função | Peso Salário por Colab. |
|---|---|---|---|---|---|
| Função A | 1 | 8.500 | 8.500 | 15,17% | 15,17% |
| Função B | 2 | 4.500 | 9.000 | 16,07% | 8,04% |
| Função C | 10 | 1.200 | 12.000 | 21,43% | 2,14% |
| Função D | 5 | 3.500 | 17.500 | 31,25% | 6,25% |
| Função E | 5 | 1.800 | 9.000 | 16,07% | 3,21% |
| | | Total da Folha | 56.000 | | |

Após a Avaliação de Desempenho com Foco em Competências, o Coeficiente de Desempenho de cada colaborador foi encontrado. Vamos ilustrar o CDC de um colaborador por função para apresentar o exemplo.

| Colaborador | Função | CDC |
|---|---|---|
| C1 | Função A | 85% |
| C2 | Função B | 95% |
| C3 | Função C | 130% |
| C4 | Função D | 68% |
| C5 | Função E | 75% |

O prêmio a ser pago ao colaborador é proporcional ao peso do seu salário na folha, considerando, porém, o seu CDC. Veja no exemplo:

| Colaborador | Função | Peso Sal. Folha | Prêmio x Salário | CDC | Valor da Remuneração |
|---|---|---|---|---|---|
| C1 | Função A | 15,17% | 30.340 | 85% | 25.789 |
| C2 | Função B | 8,04% | 16.080 | 95% | 15.276 |
| C3 | Função C | 2,14% | 4.280 | 130% | 5.564 |
| C4 | Função D | 6,25% | 12.500 | 68% | 8.500 |
| C5 | Função E | 3,21% | 6.420 | 75% | 4.815 |

Explicando o cálculo:

- O salário do colaborador C1 equivale a 15,17% da folha, representado na terceira coluna, "Peso Sal. Folha".

- Fazendo-se a distribuição do prêmio de R$ 200 mil proporcional ao salário da folha do colaborador C1, o valor do prêmio é de R$ 30.340. Para chegar a esse valor, basta calcular 15,17% de 200 mil, expresso na coluna "Prêmio x Salário".

- Como o colaborador C1 ficou com um CDC de 85%, ele não pode receber sua parcela do prêmio integral, pois ela deve ser proporcional ao seu Coeficiente de Desempenho do Colaborador. Então, calculando-se 85% da coluna "Prêmio x Salário", encontramos o Valor da Remuneração do Colaborador, essa sim por competências.

Notas:

- Observe que C3 teve o CDC de 130%, o que proporcionalmente elevou o valor da sua remuneração.

- Nesse exemplo, após efetuar o rateio para todos os colaboradores, supondo que, na média, o CDC fique abaixo de 100%, haverá uma sobra do valor a ser distribuído, afinal, o prêmio todo não terá sido "consumido". Nesse caso, restam quatro alternativas, salvo outra sugestão que possa surgir:

  ○ Não distribuir o prêmio.

  ○ Acumular o valor para o próximo prêmio.

  ○ Executar novo rateio, até que não hajam sobras.

  ○ Investir em algum trabalho social.

- Pode ocorrer o inverso do item anterior, ou seja, na média, o CDC ficar acima do valor do prêmio. Nesse caso ou a empresa aumenta o valor do prêmio ou adapta o valor do prêmio de rateio para não estourar a verba.

  Por exemplo, uma empresa dispõe de um prêmio de R$ 50 mil e o CDC ficou em média 107,5%. Ao executar o rateio, o total do prêmio seria de R$ 52.500, o que significa um estouro em 5%. Se o valor do prêmio a ser distribuído fosse de R$ 47.619,05, com o estouro que iria ocorrer em função da média do CDC ser 107,5%, o valor do prêmio seria os R$ 50 mil. Quer dizer, houve apenas uma adequação do valor numérico a ser rateado para se chegar ao valor desejado do rateio.

Fazer a distribuição com base no CDC é justo, pois ele não considera forças políticas ou interesses na organização para distribuir um prêmio, mas, sim, a entrega que o colaborador fez para a organização, expresso pelo Coeficiente de Desempenho do Colaborador.

Essa forma de aplicar o CDC para a Remuneração Variável pode auxiliar nas negociações com os sindicatos ao se fazer a distribuição de lucros, pois existe um critério e ele está baseado em um processo de avaliação do colaborador de forma comprovada matematicamente, facilitando a justificativa dos valores por colaborador.

Certa ocasião, fiz uma apresentação da metodologia para uma empresa estatal, e, ao término do dia, uma pessoa chegou até mim dizendo que dessa forma seria mais tranqüilo negociar em função da metodologia ser clara. Para minha surpresa, essa pessoa era do sindicato dos servidores e eu nem imaginava que havia alguém do sindicato presente, o que não quer dizer que seja tudo um mar de rosas, mas é um excelente caminho.

Dessa forma, fica mais fácil para o próprio colaborador compreender o critério da remuneração. Se retomarmos o exemplo da campanha de vendas na qual comentei sobre a assistente de vendas que geralmente não participa da premiação, aplicando-se o CDC, ela irá receber sim. Claro que não é justo que ela receba o mesmo valor do representante que tomou sol e chuva, mas ela deve receber proporcional ao valor do seu salário, proporcional ao seu desempenho, de acordo como seu CDC.

Quero lembrar ao leitor que esse é um caminho a ser explorado e adaptado à realidade da empresa, mas temos aqui uma forma para aplicar a remuneração por competências, seja por meio de benefícios, participação acionária, 14º salário, prêmios etc. O CDC é a referência e o restante são os fatores de disponibilidade de verba, política e estratégia da empresa.

## A Aplicação em Empresas Estatais

Cada empresa é um caso ímpar e com as estatais não teria como ser diferente, acrescentando-se um ingrediente que é o fato de nem todas terem a possibilidade de aplicar o resultado na remuneração. Outras possuem fatores limitadores na forma de concurso. Mas existem algumas que possuem um percentual da folha para mérito. Enfim, cada caso precisa ser estudado.

No mínimo, a aplicação da metodologia agrega à questão desenvolvimento e isso certamente será um bom começo.

# Considerações Finais

É grande o trabalho a ser realizado para a implantação de um sistema completo de Gestão por Competências, na visão ampla do significado de competências.

Também é fato que o mercado nos levará a outras mudanças que serão necessárias em nossas empresas, afinal, se o mundo está em constante transformação, as técnicas utilizadas para se fazer Gestão de Pessoas também precisam ser atualizadas.

Faz parte do grande desafio dos Gestores de Pessoas acompanhar essas mudanças e sempre implantá-las de forma que possam ser mensuradas, tanto as mudanças quanto seus resultados.

Se você ainda não implantou o processo de Gestão por Competências, mesmo que apenas baseado no CHA, esse é o começo, afinal, ali estão 50% das quatro perspectivas básicas do processo, que permitem a mensuração das competências em seu sentido mais amplo.

O importante é seguir uma linha de trabalho coerente com a realidade da empresa, possível de ser aplicada rapidamente e com eficiência.

Se você já possui a Gestão por Competências baseada no CHA, então é hora de evolução.

É importante munir-se de informações e de muita disposição, pois há muito o que fazer.

Espero que este livro contribua para você e para sua empresa, e quero ficar à disposição do leitor para ouvir seus comentários.

Deixo meus contatos e até breve, quem sabe até um próximo livro, treinamento ou palestra.

Rogerio Leme

AncoraRh Informática
rogerio@ancorarh.com.br
www.ancorarh.com.br

Leme Consultoria
rogerio@lemeconsultoria.com.br
www.lemeconsultoria.com.br

## ANEXO

# Lei nº 10.101, de 19 de Dezembro de 2000
### Publicada no DOU de 20/12/2000

*Dispõe sobre a participação dos trabalhadores nos lucros ou resultados da empresa e dá outras providências.*

Faço saber que o Presidente da República adotou a Medida Provisória nº 1.982-77, de 2000, que o Congresso Nacional aprovou, e eu, Antônio Carlos Magalhães, Presidente, para os efeitos do disposto no parágrafo único do art. 62 da Constituição Federal, promulgo a seguinte Lei:

Art. 1º Esta Lei regula a participação dos trabalhadores nos lucros ou resultados da empresa como instrumento de integração entre o capital e o trabalho e como incentivo à produtividade, nos termos do art. 7º, inciso XI, da Constituição.

Art. 2º A participação nos lucros ou resultados será objeto de negociação entre a empresa e seus empregados, mediante um dos procedimentos a seguir descritos, escolhidos pelas partes de comum acordo:

I – comissão escolhida pelas partes, integrada, também, por um representante indicado pelo sindicato da respectiva categoria;

II – convenção ou acordo coletivo.

§ 1º Dos instrumentos decorrentes da negociação deverão constar regras claras e objetivas quanto à fixação dos direitos substantivos da participação e das regras adjetivas, inclusive mecanismos de aferição das informações pertinentes ao cumprimento do acordado, periodicidade da distribuição, período de vigência e prazos para revisão do acordo, podendo ser considerados, entre outros, os seguintes critérios e condições:

I – índices de produtividade, qualidade ou lucratividade da empresa;

II – programas de metas, resultados e prazos, pactuados previamente.

§ 2º O instrumento de acordo celebrado será arquivado na entidade sindical dos trabalhadores.

§ 3º Não se equipara a empresa, para os fins desta Lei:

I – a pessoa física;

II – a entidade sem fins lucrativos que, cumulativamente:

a) não distribua resultados, a qualquer título, ainda que indiretamente, a dirigentes, administradores ou empresas vinculadas;

b) aplique integralmente os seus recursos em sua atividade institucional e no País;

c) destine o seu patrimônio a entidade congênere ou ao poder público, em caso de encerramento de suas atividades;

d) mantenha escrituração contábil capaz de comprovar a observância dos demais requisitos deste inciso, e das normas fiscais, comerciais e de direito econômico que lhe sejam aplicáveis.

Art. 3º A participação de que trata o art. 2º não substitui ou complementa a remuneração devida a qualquer empregado, nem constitui base de incidência de qualquer encargo trabalhista, não se lhe aplicando o princípio da habitualidade.

§ 1º Para efeito de apuração do lucro real, a pessoa jurídica poderá deduzir como despesa operacional as participações atribuídas aos empregados nos lucros ou resultados, nos termos da presente Lei, dentro do próprio exercício de sua constituição.

§ 2º É vedado o pagamento de qualquer antecipação ou distribuição de valores a título de participação nos lucros ou resultados da empresa em periodicidade inferior a um semestre civil, ou mais de duas vezes no mesmo ano civil.

§ 3º Todos os pagamentos efetuados em decorrência de planos de participação nos lucros ou resultados, mantidos espontaneamente pela empresa, poderão ser compensados com as obrigações decorrentes de acordos ou convenções coletivas de trabalho atinentes à participação nos lucros ou resultados.

§ 4º A periodicidade semestral mínima referida no § 2º poderá ser alterada pelo Poder Executivo, até 31 de dezembro de 2000, em função de eventuais impactos nas receitas tributárias.

§ 5º As participações de que trata este artigo serão tributadas na fonte, em separado dos demais rendimentos recebidos no mês, como antecipação do imposto de renda devido na declaração de rendimentos da pessoa física, competindo à pessoa jurídica a responsabilidade pela retenção e pelo recolhimento do imposto.

Art. 4º Caso a negociação visando à participação nos lucros ou resultados da empresa resulte em impasse, as partes poderão utilizar-se dos seguintes mecanismos de solução do litígio:

I – mediação;

II – arbitragem de ofertas finais.

§ 1º Considera-se arbitragem de ofertas finais aquela em que o árbitro deve restringir-se a optar pela proposta apresentada, em caráter definitivo, por uma das partes.

§ 2º O mediador ou o árbitro será escolhido de comum acordo entre as partes.

§ 3º Firmado o compromisso arbitral, não será admitida a desistência unilateral de qualquer das partes.

§ 4º O laudo arbitral terá força normativa, independentemente de homologação judicial.

Art. 5º A participação de que trata o art. 1º desta Lei, relativamente aos trabalhadores em empresas estatais, observará diretrizes específicas fixadas pelo Poder Executivo.

Parágrafo único. Consideram-se empresas estatais as empresas públicas, sociedades de economia mista, suas subsidiárias e controladas e demais empresas em que a União, direta ou indiretamente, detenha a maioria do capital social com direito a voto.

Art. 6º Fica autorizado, a partir de 9 de novembro de 1997, o trabalho aos domingos no comércio varejista em geral, observado o art. 30, inciso I, da Constituição.

Parágrafo único. O repouso semanal remunerado deverá coincidir, pelo menos uma vez no período máximo de quatro semanas, com o domingo, respeitadas as demais normas de proteção ao trabalho e outras previstas em acordo ou convenção coletiva.

Art. 7º Ficam convalidados os atos praticados com base na Medida Provisória nº 1.982-76, de 26 de outubro de 2000.

Art. 8º Esta Lei entra em vigor na data de sua publicação.

Congresso Nacional, em 19 de dezembro de 2000; 179º da Independência e 112º da República.

Senador ANTÔNIO CARLOS MAGALHÃES
Presidente

# Bibliografia

- ANDRIOLA, Wagner Bandeira (org.). *Avaliação – Múltiplos Olhares em Torno da Educação.* Fortaleza: UFC.
- BENI, Bettyna P. B. Gau; LUCHETI, Wilson David; POERNER, Marcos. *Avaliação dos Resultados em Treinamento Comportamental.* Rio de Janeiro: Qualitymark.
- CAMPO, José Antônio. *Cenário Balanceado – Balanced Scorecard.* Editora Aquariana.
- CHIAVENATO, Idalberto. *Gestão de Pessoas – O Novo Papel dos Recursos Humanos nas Organizações.* Rio de Janeiro: Campus.
- CHIAVENATO, Idalberto. *Treinamento e Desenvolvimento de Recursos Humanos.* São Paulo: Editora Atlas.
- DUTRA, Joel Souza. *Competências.* São Paulo: Atlas.
- DUTRA, Joel Souza. *Gestão por Competências.* Rio de Janeiro: Gente.
- FALCÃO, Paula. *Criação e Adaptação de Jogos em T&D.* Rio de Janeiro: Qualitymark.
- GRAMIGNA, Maria Rita Miranda. *Modelo de Competências e Gestão dos Talentos.* Rio de Janeiro: Makron.
- HUNTER, James C. *Como se Tornar um Líder Servidor – Os Princípios de Liderança de o Monge e o Executivo.* Rio de Janeiro: Sextante.

- KAPLAN, Robert S.; NORTON, David P. *A Estratégia em Ação – Balanced Scorecard*. Rio de Janeiro: Campus.

- KARKOTLI, Gilson; ARAGÃO, Sueli Duarte. *Responsabilidade Social – Uma Contribuição à Gestão Transformadora das Organizações*. Petrópolis, RJ: Vozes.

- KATZ, D. e KAHN, R. *Psicologia Social das Organizações*. São Paulo: Atlas, 1978.

- LE BOTERF, Guy. *Desenvolvendo a Competência dos Profissionais*. Bookman.

- LEME, Rogerio. *Aplicação Prática de Gestão de Pessoas por Competências – Mapeamento, Treinamento, Seleção, Avaliação e Mensuração de Resultados de Treinamento*. Rio de Janeiro: Qualitymark.

- LIMA, Marcos Antonio Martins (org.). *Educação, Competências & Desempenho – Chaves Humanas para a Auto-sustentabilidade Organizacional*. Fortaleza: UFC.

- LUZ, Ricardo. *Gestão do Clima Organizacional*. Rio de Janeiro: Qualitymark.

- MACHADO FILHO, Cláudio Pinheiro. *Responsabilidade Social e Governança – O Debate e as Implicações*. São Paulo: Thomson.

- MINOR, Marianne. *Coaching para o Desenvolvimento – Habilidades para Gerentes e Líderes de Equipe*. Rio de Janeiro: Qualitymarck.

- OLIVEIRA, Djalma de Pinho Rebouças de. *Planejamento Estratégico – Conceitos, Metodologias e Práticas*. São Paulo: Atlas.

- *Os Mais Relevantes Projetos de Conclusão de Cursos MBAs 2003*. Santos André, São Paulo: Strong.

- *Os Mais Relevantes Projetos de Conclusão de Cursos MBAs 2004*. Santos André, São Paulo: Strong.

- PONTES, Benedito Rodrigues. *Avaliação de Desempenho: Nova Abordagem – Métodos de Avaliação Individual e de Equipes*. São Paulo: LTr.

- PONTES, B.R. *Administração de Cargos e Salários*. São Paulo: LTr.

- PORCHÉ, Germaine; NIEDERER, Jed. *Coaching: O Apoio que Faz as Pessoas Brilharem – Orientação e Treinamento em Qualquer Situação*. Rio de Janeiro: Campus.

- RABAGLIO, Maria Odete. *Seleção por Competências*. São Paulo: Educator.

- RAMPERSAD, Hubert K. *Scorcard para Performance Total – Alinhando o Capital Humano com Estratégia e Ética Empresarial*. Rio do Janeiro: Campus.

- REIS, Germano Glufke. *Avaliação 360 Graus – Um Instrumento de Desenvolvimento Gerencial*. São Paulo: Atlas.

- RESENDE, Enio. *Remuneração Carreira Baseada em Competências e Habilidades*. Rio de Janeiro: Qualitymark.

- ROCHA, Eduardo Peixoto. *Feedback 360 – Uma Ferramenta para o Desenvolvimento Pessoal e Profissional*. Alínea.

- SCHAAN, Maria Helena. *Avaliação Sistemática de Treinamento*. São Paulo: LTr.

- SILVA, Mateus de Oliveira. *Sistemas Modernos de Remuneração*. Rio de Janeiro: Qualitymark.

- SOUZA, Maria Zélia de Almeida; et al. *Cargos, Carreiras e Remuneração*. Rio de Janeiro: FGV.

- SOUZA, Vera Lúcia; et al. *Gestão de Desempenho*. Rio de Janeiro: FGV.

- VILA, Magda; SANTANDER, Marli. *Jogos Cooperativos no Processo de Aprendizagem Acelerada*. Rio de Janeiro: Qualitymark.

- WOOD JÚNIOR, Thomaz; PICARELLI FILHO, Vicente. *Remuneração Estratégica – A Nova Vantagem Competitiva*. São Paulo: Atlas.

- WOOD JÚNIOR, Thomaz; PICARELLI FILHO, Vicente. *Remuneração e Carreira por Habilidades e por Competências – Preparando a Organização para a Era das Empresas de Conhecimento Intensivo*. São Paulo: Atlas.

Entre em sintonia com o mundo

# Quality Phone:
## 0800-0263311
*ligação gratuita*

**Qualitymark Editora**
Rua Teixeira Júnior, 441 - São Cristovão
20921-405 - Rio de Janeiro - RJ
Tel.: (21) 3295-9800
Fax: (21) 3295-9824
www.qualitymark.com.br
e-mail: quality@qualitymark.com.br

**Dados Técnicos:**

| | |
|---|---|
| • Formato: | 16 x 23 cm |
| • Mancha: | 12 x 19 cm |
| • Fonte: | Bookman Old Style |
| • Corpo: | 11 |
| • Entrelinha: | 13 |
| • Total de Páginas: | 136 |
| • 5ª Reimpressão | 2015 |
| • Impressão | Grupo SmartPrinter |